DIE GRIECHEN

David Bellingham

DIE GRIECHEN

KULTUR UND MYTHEN

evergreen

EVERGREEN is an imprint
of TASCHEN GmbH

Hohenzollernring 53
D–50672 Köln
www.taschen.com

Originaltitel:
An Introduction to Greek Mythology

This book is produced by
Quantum Publishing Ltd
6 Blundell Street
London N7 9BH

Übersetzung aus dem Englischen:
Michael Halévy, Hamburg

Satz:
Nazire Ergün, Köln

ISBN 978–3–8365–0269–6

Printed in Singapore by
Star Standard Industries Pte Ltd

Inhalt

Einführung

Unser Wort Mythos leitet sich von dem altgriechischen Wort *mythos* ab und bedeutet „Wort, Erzählung“, später dann „Erzählung von Göttern, Dämonen und Helden“. Das griechische Wort *mythologia* bedeutet „Erzählung von Geschichten“. Heute versteht man unter Mythologie sowohl die Gesamtheit aller Mythen eines Volkes als auch die Erforschung dieser Mythen. Doch die Wissenschaftler sind sich über die exakte Definition des Wortes Mythos nicht einig. Man unterteilt die Mythen in drei Grundformen: Legende, „reiner“ Mythos und Märchen.

Legenden: Die Bedeutung der Mythologie für die alten Griechen lässt sich gut an den Themen ihrer frühesten überlieferten epischen Gedichte zeigen. Im 8. Jahrhundert v. Chr. verfasste der Dichter Homer die ersten schriftlich fixierten poetischen Epen: die *Ilias* und die *Odyssee*. Legenden erzählen von wirklichen Ereignissen und Völkern, aber sie enthalten auch gewisse unrealistische Elemente, die etwas mit Mythen zu tun haben: Aufeinandertreffen von Sterblichen und Göttern, übermenschliche Heldentaten, Magie und Ungeheuer. Es gibt mehrere mögliche Gründe für diese Mischung aus Wirklichkeit und Fantasie. Die tatsächlichen Ereignisse des Trojanischen Krieges haben vier Jahrhunderte vor Homer stattgefunden, zu einer Zeit, als die griechische Welt von Königen beherrscht wurde, die in prächtigen und von starken Mauern geschützten Palästen wohnten. Obwohl diese Königreiche eine reiche Kultur hatten, verfügten sie über keine schriftlich fixierte Literatur. So wurden die Heldentaten um Troja von den Dichtern von einer Generation zur anderen mündlich weitergegeben. Diese frühe Dichtkunst sollte den königlichen Hof unterhalten und den Zuhörern als vorbildliches Beispiel dienen, denn obwohl die Ereignisse, von denen berichtet wurde, schon lange zurücklagen, hielten sich die Zuhörer für Nachfolger der Helden. Es ist also nicht erstaunlich, dass die Dichter ihre Gesänge ausmalten und mit mythischen Geschichten von Göttern und Ungeheuern ausschmückten.

„Reine“ Mythen: Der Dichter Hesiod, ein Zeitgenosse Homers, schrieb die *Theogonie* (Göttergenealogie), in der zum ersten Mal die griechische Version von der Erschaffung der Welt und ihrer Titanen, Götter und Sterblichen aufgeschrieben wurde. Vermutlich hat es auch mehrere unterschiedliche Fassungen gegeben, die im Laufe der Zeit immer mehr umgeschrieben wurden. Obwohl Hesiods Gedicht im Grunde eine Familiengeschichte der Götter ist, unterbricht der Dichter die Gleichförmigkeit seiner Erzählung durch das Einflechten „reiner“ Mythen – durch Mythen also, die sich direkt auf die Religion und den Kult beziehen. Hesiod schildert zum Beispiel den Mythos des Prometheus, die früheste

Gegenüber: Blick auf Mykene: Die klassischen Griechen romantisierten ihre prähistorischen mykenischen Vorfahren, als sie die gewaltigen Steinmauern für ein Werk der riesigen Kyklopen hielten. Heute noch heißt dieser Stil „zyklopisch". Der Palast in Mykene gilt als der Palast von König Agamemnon, der die griechische Armee gegen Troja führte.

Rechts: Charon auf dem Fluss Styx, attische weißgrundige Lekythos (Grabkanne für Öl) aus dem 5. Jahrhundert v. Chr. Bemalte Keramikvasen verraten uns viel über die griechischen Mythen und Legenden. Die Themen ihrer Malerei passen zu ihrer Funktion: Charon ist der Fährmann der Toten.

Beziehung zwischen dem Menschen und den Göttern, und „erklärt" die Natur der Tieropfer im religiösen Kult der Griechen. Es hat einmal ein „Goldenes Zeitalter" gegeben, wo Sterbliche und Götter glücklich und harmonisch miteinander auf der Erde lebten. Mutter Erde erzeugte alles, was die Menschen brauchten, und der Mensch brauchte nicht zu arbeiten. Leider wurden die Menschen mit der Zeit wissbegierig, und sie rüsteten Schiffe aus, die reich beladen zurückkehrten. Dieser neu erworbene Reichtum musste verteidigt werden, und so errichteten sie um ihre Städte starke Mauern. Mutter Erde wurde ausgesperrt, und die Menschen begannen nun, die Erde selbst nach ihren Schätzen zu erforschen. Als die Götter dies alles sahen, zogen sie sich verstimmt in den Himmel zurück. Nach Hesiod befand sich die griechische Kultur auf dem Rückzug vom Goldenen Zeitalter. Aber es gab einen pädagogischen Grund für diesen Mythos: Hesiod wollte mit seinem Gedicht seine königlichen Zuhörer ermahnen, auf Gewalt und Unfrieden zu verzichten, sodass das Goldene Zeitalter von Neuem Einzug im Leben der Menschen halten würde.

Volksmärchen: Wie schon der Name sagt, sind Märchen mythische Geschichten, die den Zweck haben, die einfachen Menschen außerhalb der großen Städte und Paläste zu bilden. Die Helden der Märchen waren häufig gewöhnliche

Links: Blick auf das Kloster Osios Loukas in der Nähe von Athen. Die Landschaft mit Olivenbäumen und wilden Kreidehügeln hat sich seit der Antike kaum verändert.

Männer und Frauen, ganz im Gegensatz zu den dichterischen Mythen, in denen Prinzen und Prinzessinnen die Helden waren. Die Märchen sollten erziehen und warnen, nicht religiös erbauen. Mythen wurden literarisch kunstvoll erzählt, Märchen wurden in schlichten Worten wiedergegeben oder in Form einfacher Gedichte vorgetragen.

Ob die Griechen selbst an ihre Mythen glaubten, ist heute schwer zu entscheiden. In der klassischen Epoche (5. Jahrhundert v. Chr.) entwickelten sich die griechischen Stadtstaaten zu komplexen sozialen Strukturen. Die reichen Städter erhielten eine vielseitige Ausbildung. Sie wurden nicht nur in den mythischen Geschichten und Legenden unterrichtet, sondern studierten auch Philosophie. In diesen Kreisen galten die Mythen wohl kaum noch als „wahr", aber in allen Schriften wurde doch immer wieder auf sie verwiesen.

Oben: Silbermünzen mit den Porträts Alexanders des Großen und des Zeus. Auf der Münze trägt Alexander ein Löwenfell wie sein Vorbild Herakles. Auf der Rückseite ist Zeus mit dem Adler dargestellt. Wie Herakles behauptete auch Alexander, ein Sohn des Zeus zu sein. Um ins rechte Licht gesetzt zu werden, erlaubte Alexander nur zwei Künstlern, ihn zu porträtieren: dem Bildhauer Lysippos und dem Maler Apelles, die in ihren Werken immer wieder das Bild des mühebeladenen Alexander als bärtigen, muskulösen Mann oder Jüngling mit Löwenfell darstellen.

Unsere Kenntnisse über die griechischen Mythen verdanken wir vor allem der griechischen Literatur, aber in fast keinem literarischen Werk finden wir einen vollständigen Mythos aufgeschrieben. Wie wir schon am Beispiel von Homer und Hesiod ausgeführt haben, begann die schriftliche Fixierung der griechischen Literatur verhältnismäßig spät. Und zwar zu einer Zeit, wo die Mythen und Legenden überall bekannt waren. Spätere Autoren konnten bei ihren Lesern die Kenntnis dieser Mythen immer voraussetzen und sich so auf vernachlässigte Episoden der Mythen konzentrieren. Dies verstärkte sich immer mehr, als einige Autoren begannen, die Mythen umzuschreiben, ihnen ein völlig anderes Ende gaben und den Charakter einer Person gänzlich anders darstellten. Diese Veränderungen waren nicht nur einfache Varianten, sondern in ihnen drückte sich ein sozialer Wandel aus. Die Lyrikerin Sappho von Lesbos verteidigte entschieden das Verhalten von Helena, das sie mit einer göttlichen Absicht verklärte, während männliche Autoren den Kampf um Troja kritisierten, weil sie darin eine weibliche Schwäche oder sogar Hurerei sahen. Und die Tragödiendichter wählten ihre Stoffe nicht zuletzt auch aus dem Grunde aus, die aktuellen Probleme ihrer Zeit darzustellen. Die legendären Könige wurden häufig als zeitgenössische Tyrannen geschildert, die die neue Demokratie des klassischen Athens bedrohten.

Der griechische Dichter benutzte den Mythos als eine unterhaltsame Geschichte, um die Aufmerksamkeit seines Publikums zu gewinnen, ohne damit auf die Möglichkeit zu verzichten, aktuelle Bezüge einzuflechten. Theseus wurde im 5. Jahrhundert v. Chr. als ein Held der attischen Demokratie angesehen, und Künstler stellen ihn mit Vorliebe im Kampf gegen ungehobelte Titanen und Zentauren dar, die als Symbol der barbarischen Perser galten, die Griechenland zu Anfang des Jahrhunderts gebrandschatzt hatten.

Die griechische Mythologie weist starke Ähnlichkeiten mit der anderer alter Kulturen auf. Besonders deutlich wird dies in der Beziehung zwischen Göttern und Helden. In der nordischen Mythologie entspricht der Gott Odin dem griechischen Gott Zeus: Zeus herrscht auf dem Olymp, Odin in Walhalla; beide tragen Donnerkeile, und beide sind mit eifersüchtigen Ehefrauen gestraft. Hera und Frigga sind eifersüchtig auf die amourösen Abenteuer ihrer Gatten mit schönen Sterblichen. Jeder hat eine Lieblingstochter (des Krieges): Athene und Brunhilde. Die nordischen Helden vollbringen wie ihre griechischen übermenschliche Heldentaten. So tötet Siegfried den Drachen Fafnir und verliebt sich in die göttliche Brunhilde.

Seit dem 19. Jahrhundert ist die vergleichende Mythen- und Sagenforschung eine ernsthafte akademische Disziplin, und in den letzten Jahrzehnten wurden zahlreiche Gemeinsamkeiten zwischen den Mythen der Kulturvölker festgestellt, sogar mit so entfernten wie denen der Inder oder Kelten. Der griechische Held Herakles wurde mit dem indischen Helden Sisuala und dem germanischen Starkader verglichen: Alle diese Helden verfügten seit ihrer Geburt über zu viel Kraft, hatten einen Gott als Helfer und einen Gott zum Feind, und alle drei wurden unsterblich durch ihren Freitod, bei dem ihnen ein sterblicher Freund half. So gab Herakles in einigen überlieferten Berichten seinen magischen Bogen dem Philoktetes, der damit das Feuer für seinen Scheiterhaufen anzündete. Die Ähnlichkeiten sind so augenfällig, dass Wissenschaftler von einem gemeinsamen indoeuropäischen Kulturerbe sprechen.

Das 20. Jahrhundert schuf seine eigenen Mythen. Populäre Comic-Helden wie Superman und Wonderwoman ähneln in mancherlei Weise den alten griechischen Helden. Wonderwoman verdankt ihren Ursprung Diana, der Tochter der Hippolyte, Königin der Amazonen. Ihr Schöpfer Charles Moulton stellte sie 1941 seinem Publikum folgendermaßen vor: „Endlich erscheint in einer männlichen Welt von Hass und Krieg eine Frau, für die Probleme und Handlungen der Männer reine Kinderspiele sind. Hundertmal besser, schneller und stärker als jeder männliche Sportler kämpft sie gegen die Ungerechtigkeit oder bekämpft das Schlechte. Sie ist so liebreizend wie Aphrodite, so klug wie Athene, so schnell wie Merkur und so stark wie Herkules. Jeder kennt sie nur als Wonderwoman!“

Moderne Helden verfügen wie ihre antiken Kollegen über außerordentliche Kräfte. Der griechische Held Achilleus war unverwundbar (bis auf seine Ferse), und auch Superman ist unverwundbar (nur ein geheimnisvolles Gas – Krypton – kann ihn besiegen). Doch dank dieser Schwächen kann sich der sterbliche Leser mit den Helden und Supermännern identifizieren. Die Helden verlieben sich auf der Stelle in den, den sie retten. So heiratet Perseus Andromeda, die er vor einem Seeungeheuer rettet; und Wonderwoman liebt einen Piloten, dem sie nach einem Flugzeugabsturz das Leben gerettet hat.

Die Griechen machten aus einigen sterblichen Menschen unsterbliche Helden. Alexander der Große starb im Jahre 323 v. Chr., aber er hatte ein Reich aufgebaut, das von Indien bis Ägypten reichte. Wie sein mythisches Vorbild Herakles behauptete Alexander, ein Sohn des Zeus zu sein, und bewies seine göttliche Abstammung durch seine heroischen militärischen Leistungen. Nach seinem Tod wurde aus dem realen König ein mythischer König, und für die jungen griechischen und römischen Feldherren war er ein mythischer Held, von dem sie sogar seine Haartracht übernahmen.

Oben: Hermes und Athene stellen Herakles den Göttern auf dem Olymp vor; attische schwarzfigurige Lekythos aus dem 6. Jahrhundert v. Chr. Die Vergöttlichung des sterblichen Helden war ein beliebtes Thema für eine Grabbeigabe.

KAPITEL EINS

Die Geburt der Götter

Der früheste und längste Bericht über die Schöpfung und die Geburt der Riesen und Götter steht im Gedicht *Theogonie* („Geburt der Götter") von Hesiod. Der Dichter Hesiod lebte im 8. Jahrhundert v. Chr., zur Zeit, als die Griechen die Schrift einführten. Wir müssen davon ausgehen, dass dieser Bericht der Höhepunkt von seit Generationen mündlich überlieferten Gedichten ist. Wie schon bei anderen griechischen Mythen ist dies nicht die einzige Version der Geschichte, aber auf jeden Fall war Hesiod für die späteren Dichter die entscheidende Quelle. Es gibt interessante Parallelen zwischen den Mythen der Hethiter und Babylonier, deren literarische Fassungen fünf Jahrhunderte früher entstanden. Neueste archäologische und literarische Forschungen halten einen noch engeren Kontakt zwischen Griechenland und dem Orient für möglich, als man gemeinhin annahm. Heute sind wir sicher, dass Hesiod aus beiden Quellen schöpfte: der griechischen und der orientalischen. In der griechischen Mythologie gab es keine *creatio ex nihilo*. Die Erde und der Himmel entstanden aus dem Chaos, das das Leben hervorbrachte.

Zuerst war das Chaos, die gähnende Leere, ein unermesslicher Weltraum ohne Form und Licht. Die ersten Wesen, die dem Chaos entsprangen, waren Gaia (Mutter Erde) und Eros, der Gott der geschlechtlichen Liebe, der Schönste unter den sterblichen Göttern, der die Glieder löst und den Geist aller Götter und Menschen beherrscht. Und Gaia gebar Uranos, den gestirnten Himmel. Aus dem Chaos entstanden auch Erebos, die lichtlose Dunkelheit der Tiefen, und Nyx, die Nacht, mit ihrem schwarzen und mit bunten Steinen besetzten Gewand. Mit Erebos zeugte Nyx den Aither, das obere Himmelslicht, und Hemera, den Tag.

Die Geburt der Titanen

Und Gaia gebar den Uranos (Himmel), damit er sie völlig umfange und den Göttern ein fester Sitz sei, und Uranos bedeckte sie mit seinem Gewand aus schwarzem Samt und glitzernden Steinen. Und Gaia gebar die großen Gebirge, in denen so gerne die Göttinnen wohnten, die Nymphen; und sie gebar auch das öde, schäumende Meer, den Pontos, dies gebar sie ohne Eros, ohne Begattung. Dem eigenen Sohn Uranos gebar sie auch Okeanos, das die Erde umfließende Wasser, den ersten der Titanen. Und weiter gebar sie dem Uranos sechs Töchter: die Titaninnen Theia und Phoibe mit dem goldenen Kranz und die liebliche Tethys, Gottheit des großen Stromes, der sich um den Erdkreis schlingt, Themis und Rhea und Mnemosyne, die Erinnerung, Bewahrerin der Mythen. Und weiter gebar sie dem Uranos sechs Söhne: die Titanen Koios, Kreios, Hyperion und Iapetos und als jüngsten Kronos, den bösen Sohn, der den Vater verachtete und entthronen sollte. Und dann gebar Gaia dem Uranos die Kyklopen, Gestalten mit einem runden Auge auf der Stirn und mit dem Namen, die Donner und Blitz bedeuteten: Steropes, Brontes und Arges. Diese schmiedeten später dem Zeus seine mächtigen Blitze. Und ferner gebar sie dem Uranos drei Hekatoncheiren, riesige Geschöpfe mit hundert Armen und fünfzig Köpfen: Kottos („der Stoßende"), Briareos („der Starke") und Gyes („der Begliederte"). Ihr Vater verabscheute seine Kinder und stieß sie in den Schoß ihrer Mutter Gaia zurück und freute sich, als sich Gaias Körper vor Schmerzen krümmte. In ihrer Verzweiflung machte sie eine riesige Sichel aus Feuerstein, zeigte sie ihren eingesperrten Kindern und sagte: „Meine Kinder, wollt ihr euren Vater für seine schändliche Missetat bestrafen?" Der junge Kronos antwortete: „Ich habe keine Angst vor meinem grausamen Vater. Ich tue das Werk, denn er verdient Strafe für seine schändliche Tat." Gaia erklärte ihm ihren Plan und gab ihrem Sohn die Sichel in die Hand, weihte ihn ein in die ganze List und versteckte ihn an einem Ort, der zum Hinterhalt geeignet war.

Als der zwielichtige Uranos mit Nyx, der Nacht, kam, umfasste er Gaia, die Erde, legte sich ganz über sie und bedeckte sie mit seinem schwarzen Gewand, das mit glitzernden Juwelen übersät war. Als Uranos über der Gaia lag, griff der Sohn aus dem Hinterhalt zu und schnitt mit der rechten Hand dem Vater die Männlichkeit ab und warf sie verächtlich hinter sich. Die Blutstropfen des Vaters, die zu Boden fielen, fing Gaia auf. Davon gebar sie die Erinnyen (Furien), die weiblichen unterirdischen Rachegeister: Allekto („die nie Ablassende"), Tisiphone („die den Mord Rächende") und Megaira („die Neidische"). Das Glied des Uranos jedoch trieb im Meer und landete schließlich im zyprischen Paphos, wo aus dem Schaum, der sich in der Anwesenheit des Eros, der Liebe, und des Himeros, des geschlechtlichen Verlangens, gebildet hatte, die Liebesgöttin Aphrodite entstieg, die Schaumgeborene. In seinem Zorn gab Uranos seinen Kindern den Namen Giganten.

Gegenüber: Sandro Botticelli (1444–1510): „Die Geburt der Venus". Nach literarischen Beschreibungen der verlorenen frühgriechischen Wandmalerei „kopierte" Botticelli die antike Vorlage. Auf jener antiken Darstellung erscheint Athene in der bekannten hellenistischen Pose, die der Maler einer antiken Statue entnahm. Die Muschel war ebenfalls auf antiken Vorbildern ein Symbol der Geburt.

Nyx und ihre Kinder

Nyx, die Göttin der Nacht und eine der ersten Gottheiten, die dem Chaos entstammten, gebar einige der mächtigsten und verhängnisvollsten personifizierten Wesen wie Thanatos (Todesengel der Sterblichen), Hypnos („Schlaf"), Moros (Personifikation des Schicksals), Ker (die Unheil und Verderben

Oben: Eustache Le Sueur (1616–1655): „Die Meeresgötter und der Gott der Liebe". Zwei Seeleute (links), Poseidon, der Gott der Meere und Gewässer mit Dreizack, Triton mit der Spiralmuschel und die Nereiden (rechts).

Unten: Die Gorgo Medusa: Bemaltes Terrakottafragment (vermutlich Dachschmuck eines griechischen Tempels aus dem 6. Jahrhundert v. Chr.). Dieses auch *apotropaion* genannte Bildnis schützte seinen Besitzer gegen schädliche Mächte und Geister. Es wurde auch als Amulett am Körper getragen.

bringt), Nemesis (Göttin der Vergeltung für böse Taten und Rächerin für herzlos Liebende), Eris („Zwist"), Geras (die Ausgeburt der Nacht schwebt immer drohend über dem Haupt der Menschen), Momos (der Gott des Nörgelns und des Spotts), die drei Moiren (Schicksalsgöttinnen, röm. Parzen) und andere.

Nereus

Pontos, das Meer, und Gaia, die Erde, zeugten die Meeresgötter. Ihr Sohn Nereus, der alte Gott des Meeres, älter noch als Poseidon, zeugte mit Doris, der Okeanide, fünfzig Töchter, die Nereiden, die lieblichen Meeresgöttinnen, zum Beispiel Speio („die Grottenbewohnerin"), Hipponoe („die wie eine Stute Schnelle"), Galatea (die aphroditegleiche Göttin des Meeres), Halimede (die Rat wissende Meeresgöttin) und Euarne (die Sandgöttin).

Mit Pontos, dem Meer, gebar Gaia, die Erde, den großen alten Gott des Meeres Thaumas („Wunder"), der die Okeanide Elektra heiratete, Tochter des Okeanos. Thaumas und Elektra zeugten Iris (mit schnellen Füßen und großen Flügeln, die Botin der Göttin, die Regenbogengleiche) und die Harpyien, Göttinnen, die schnell sind wie der reißende Wind und mit Menschenfingern wie Krallen zum Greifen und Raffen. Diese Göttinnen greifen in die Schicksale der Sterblichen ein.

Die Kinder der Keto und des Phorkys

Der Bruder des Thaumas war Phorkys, der Alte vom Meer, der in seine Riesenschwester, die schönwangige Keto, verliebt war und mit ihr seltsame Wesen zeugte: die drei unheimlichen Schwestern Graien, die „alten Frauen": Enyo („die Kriegerische"), Pemphredo („die Launische") und Deino („die Schaurige") sowie die drei Gorgonen: Stheino („die Starke"), Euryale („die Weitspringende") und Medusa („die Herrscherin"). Diese schrecklichen Gestalten hausten weit westlich von der Küste des Okeanos, wo die hell singenden Hesperiden weilten. Medusa war unter den drei Schwestern die Sterbliche. Eines Tages legte sich Poseidon, der Gott mit dunklen Locken, neben die sterbliche Medusa ins weiche Gras unter Frühlingsblumen und schwängerte sie. Und sie gebar ihm Kinder, die sie niemals sehen sollte, denn Perseus schnitt ihr das Haupt ab, das er einem König zum Geschenk machte. Aus ihrem enthaupteten Körper entstanden der geheimnisvolle Chrysaor (das goldene Schwert und Vater des dreiköpfigen

Riesen Geryoneus) sowie sein Bruder, der geflügelte Pegasos. Zu diesen monströsen Gestalten gesellte sich das Monstrum Echidne, das zur Hälfte eine liebliche Frau, zur Hälfte ein widerlicher Drachen war, Enkel der Keto und des Phorkys.

Die Kinder der Echidne

Das Ungeheuer Typhon, Sohn der Gaia und des Tartaros, wurde in der korykischen Höhle im kleinasiatischen Kilikien geboren. Es hatte hundert schlangenartige Köpfe, feurig blitzende Augen und eine furchtbare Stimme. Es paarte sich mit der schrecklichen Echidne und zeugte mit ihr den furchtbaren Orthros, den zweiköpfigen Hund des dreiköpfigen Geryoneus. Herakles erschlug den Orthros, als er Geryoneus tötete und seine Rinderherden wegtrieb. Und Typhon zeugte mit Echidne auch den Kerberos (den vielköpfigen Höllenhund), die Hydra von Lerna (eine Wasserschlange mit vielen Köpfen, an deren Stelle, sobald sie abgeschlagen wurden, neue wuchsen) und die Feuer speiende Chimäre. Typhon hatte den Schwanz einer Schlange, und aus seinem Rücken spross eine Reihe von Schlangenköpfen. Jeder Mensch, der ihn anblickte, erstarrte zu Stein. Der Heros Bellerophon, Sohn des Poseidon und der Eurynome, tötete mithilfe des geflügelten Pegasos die Feuer speiende Chimäre, eine Mischgestalt aus einem Löwen, einer Ziege und einer Schlange. Das Ungeheuer Echidne zeugte mit ihrem eigenen Sohn Orthros die Sphinx, ein geflügeltes Ungeheuer, halb Jungfrau, halb Löwin, die von Hera geschickt wurde, um Theben als Strafe heimzusuchen, bevor Ödipus das Rätsel der Sphinx löste. Und mit Orthros zeugte sie auch den Nemeischen Löwen, der später von Herakles erwürgt wurde. Und schließlich zeugte sie mit ihm die Schlange Ladon, die zur Hüterin des Baumes eingesetzt war, der die goldenen Äpfel der Hesperiden trug.

Oben: Diese Nereide stand zwischen den Säulen eines königlichen Grabmals in Xanthos (heute Türkei, 5. Jahrhundert v. Chr.). Die Figur symbolisierte hier vermutlich die Reise in das Leben nach dem Tod.

Die Kinder der Tethys und des Okeanos

Die Titanin Tethys, die liebliche Tochter der Gaia und des Uranos, zeugte mit ihrem Bruder Okeanos die dreitausend Okeaniden (die Meeresnymphen) und die Flussgötter Nil, Danubius und die nach Quellen und Flüssen Griechenlands benannten Flussgötter. Außerdem gebar sie die schönen Nymphen, wie die Naiaden (Wassernymphen), die Dryaden (Baumnymphen), die Oreaden (Bergnymphen) und die Nereiden (Meeresnymphen). Wer den Nereiden achtungsvoll gegenübertrat, dem brachten sie Glück, wer ihre Güte missbrauchte, einen heiligen Baum fällte oder eine heilige Quelle verunreinigte, über den brachten sie Unheil.

Die Kinder der Theia und des Hyperion

Theia und Hyperion, die Geschwister der Tethys, zeugten miteinander den mächtigen Sonnengott Helios, den am Tag seine rosenfingrige Schwester Eos, die Göttin der Morgenröte, weckte. Helios, der Wagenlenker, überquert mit vier feurigen Rossen am Tag den Himmel von Osten nach Westen. In der Nacht kehrt er in einer mächtigen goldenen Schale nach Osten zurück, die auf dem Okeanos-Strom, der die Erde umgibt, dahintreibt.

Seine Schwester Selene, die Göttin des Mondes, lenkt ihren Wagen in der Nacht, um ihren Bruder nicht aufzuwecken.

Die Kinder der Eos und des Astraios

Der nächtliche Himmelsgott Astraios („der Sternenhelle"), Enkel der Gaia und Sohn der starken Göttin Eurybia und des Titanen Kreios, zeugte mit Eos (der Göttin der Morgenröte) den Eosphoros (den Morgenstern) und die verehrungswürdigen Windgötter: Zephyros (den Gott des Westwindes), Boreas (den Gott des Nordwindes), Argestes (den Gott des Ostwindes) und Notos (den Gott des Südwindes).

Alle diese Winde sind göttlichen Ursprungs und bringen den Sterblichen großen Nutzen.

Die Kinder der Styx und des Pallas

Der Titan Pallas, Sohn des Kreios und der Eurybia, war ein Bruder des nächtlichen Himmelsgottes Astraios. Mit der Okeanide Styx (der ältesten Tochter der Tethys und des Okeanos), die die Unterwelt neunmal umfließt, zeugte er Nike (die Göttin des Sieges), Kratos (den Gott der Stärke), Bia (den Gott der Kraft) und Zelos (den Gott des Eifers). Kratos und Bia verlassen Zeus nie, weder zu Hause noch auf seinen Wegen. Als Zeus eines verhängnisvollen Tages alle Götter aufrief, ihm gegen die Titanen beizustehen, kam Styx mit ihren Kindern als Erste auf den Olymp. Dafür segnete Zeus ihre Wasser und beschenkte sie überreich: Styx wurde zum großen Schwur der Götter. Nicht einmal die Unsterblichen wagten auf die Styx einen Meineid zu schwören.

Die Kinder der Phoibe und des Koios

Die Titanen Phoibe und Koios waren Kinder der Gaia und des Uranos und Bruder und Schwester des Kronos. Mit ihrem Bruder Koios zeugte Phoibe Leto, die Sanftmütige, die Götter und Sterbliche gleichermaßen liebten. Diese gebar die Olympier Apollon und Artemis. Ihre Enkelin war Hekate, die einzige Titanin, die bei Zeus nicht in Ungnade fiel. Er machte sie zur Hebamme der Sterblichen, die den Frauen im Wochenbett half. Sie hatte Anteil an der Erde, am öden Meer und am gestirnten Himmel.

Die Kinder der Rhea und des Kronos

Die Titanen Rhea und Kronos zeugten Hestia, die älteste der drei Töchter, die unvermählte Göttin des Herdes und der Häuslichkeit; Demeter, die Göttin der Fruchtbarkeit und des Getreides; Hera, Gemahlin des Zeus und Herrscherin des Himmels, die Schutzpatronin der Einehe und der Kinder; den unbarmherzigen Hades, den Zeus der Unterwelt, den Totengott und Beherrscher eines unterirdischen Reiches, dessen Name Unglück brachte; Poseidon, den Gott der Meere und der Gewässer und Herr über Pferde und Stiere; und schließlich den allmächtigen Zeus, Vater der Götter und Menschen, der mit seinem Donnerkeil in Form eines geflügelten Speeres die Erde erzittern ließ. Kronos, der Sohn des Uranos und der Gaia, fürchtete, eines Tages von einem seiner Kinder gestürzt zu werden, so, wie er seinen Vater gestürzt hatte. Darum verschlang er alle seine Kinder bis auf seinen jüngsten Sohn Zeus, den Rhea ihrer Mutter anvertraute. Die listige Rhea umwickelte einen großen Stein mit Windeln, den Kronos statt des Zeus verschlang. Zeus wurde von den Nymphen des Berges Dikte auf Kreta in einer Höhle bei Lyktos versteckt und mit der Milch der Ziege Amaltheia aufgezogen, während die Kureten, die priesterlichen Diener der Rhea, mit Speeren und Schilden klapperten, damit Kronos nicht das Geschrei des Kindes hörte.

Unter der Obhut der Nymphen wuchs Zeus zu einem kräftigen jungen Mann heran. Als ihm die Nymphen von seinem grausamen Vater erzählten, beschloss er, seinen tyrannischen Vater zu stürzen. Er brachte seine erste Gattin, die kluge Okeanide Metis, Tochter der Tethys und des Okeanos, dazu, ein Brechmittel in Kronos' Weinbecher zu schütten. Sofort gab Kronos seine fünf verschlungenen Kinder und den fälschlich runtergewürgten Stein wieder von sich. Den Stein brachte man nach Delphi, um ihn auf den Mittelpunkt der Welt zu legen, wo er als „Nabel der Welt" bekannt wurde. Mithilfe seiner Geschwister befreite er die Kyklopen, die dem Zeus aus Dankbarkeit seine gefürchteten Donnerkeile schmiedeten, die er den Titanen im Kampf entgegenschleuderte.

Rechts: Goya (1746–1828): „Saturn (Kronos) verschlingt eines seiner Kinder“ (1819–1823). Der Maler überzeichnet hier absichtsvoll den archaisch-primitiven Charakter des Titanen, der Freude hat an seiner kannibalischen Mahlzeit.

Links: Die drei Grazien (Wandmalerei aus Pompeji, 1. Jahrhundert n. Chr.). Dieses Gemälde kopiert wahrscheinlich eine verlorene hellenistische Skulptur. Der Künstler stellt die Figuren zu einem Tanz zusammen. Die Mädchen tragen Blumen in ihren Händen und Blumen im Haar.

Die Olympier

Die Kinder des Zeus

Zeus nahm die Okeanide Metis, deren Name Klugheit bedeutete, zur Frau. Auch diesmal gaben ihm Gaia und Okeanos den Rat, dass er sich in Acht nehmen solle vor seinen Kindern. Als Metis schwanger wurde, prohezeite ihm Gaia, dass bei einer erneuten Empfängnis das Kind ein gewaltigerer Gott als Zeus selbst werden und ihn verdrängen würde. Darum verschlang Zeus seine Frau und das Kind im Mutterleib. Das Kind wuchs nun in ihm heran und entsprang als erwachsene Athene seinem Haupt. Diese erbte die Weisheit ihres Vaters. Dann heiratete er die weissagende Titanin Themis, Tochter der Gaia und des Uranos, mit der er drei Kinder zeugte, die Horen, Göttinnen der Jahreszeiten und der Schicksale: Eunomia („Gesetz und Ordnung"), Dike („Gerechtigkeit") und Eirene („Friede"). Sie zeugten noch drei Fatae (Schicksalsgöttinnen): Klotho („die Spinnerin"), Lachesis („die Loswerferin") und Atropos („die Unabwendbare"). Dann verließ er Themis und heiratete die Okeanide Eurynome, die ihm die Grazien und drei weitere Töchter schenkte: Aglaia („die Strahlende"), Euphrosyne („die Freude") und Thalia („die Blühende").

Anschließend zeugte Zeus mit seiner Schwester Demeter die schöne Persephone, Göttin des Wachstums und der Fruchtbarkeit; später heiratete sie ihren Onkel Hades und wurde zur Herrin der Unterwelt.

Als Nächstes heiratete er die Titanin Mnemosyne, deren Name „Erinnerung" und „Gedächtnis" bedeutet und die die neun Musen, die Göttinnen der schönen Künste, der Musik und Literatur, der Geschichte, der Philosophie und Astronomie, zur Welt brachte. Die Musen werden im Allgemeinen als geflügelt geschildert und mit einem goldenen Diadem auf ihren schönen Haaren dargestellt. Wen sie liebten, dem schenkten sie eine süße Rede und eine süße Stimme. Sie wohnten in Pierien am Olymp und im böotischen Helikon. Sie waren auch mit Apollon auf dem Parnass verbunden, der als Gott der Musik und der Weissagung ihr Führer war.

Seine letzte Frau wurde seine Schwester Hera, mit der er drei Kinder zeugte: Ares (der Gott des Krieges), Hebe

(Mundschenk der Götter und Gattin des Herakles) und Eileithya (die Göttin der Geburt).

Von jungfräulicher Geburt war seine Tochter Pallas Athene. Als Hephaistos das Haupt des Zeus mit einer Axt spaltete, trat Athene hervor, erwachsen und zum Kampfe bereit.

Weitere Götter

In Amphitrite, Tochter des Nereus und der Okeanide Doris, verliebte sich Poseidon, doch sie erwiderte seine Liebe nicht und suchte Schutz bei dem Titanen Atlas. Rasend vor Wut sandte Poseidon die ihm dienstbaren Geschöpfe des Meeres nach ihr aus. Schließlich entdeckte sie ein Delfin, der so beredt bei ihr für Poseidon warb, dass sie seinem Werben nachgab und ihn schließlich heiratete. Mit ihr zeugte Poseidon den Meeresgott Triton, halb Menschenkopf, halb Fischschwanz, der mit seinen Eltern in einem Haus ganz aus Gold am Grunde des Meeres lebte. Aphrodite und Ares, der Gott des Krieges, hatten zwei tapfere Söhne: Phobos („die Furcht") und Deimos („der Schrecken"), welche ihren Vater auf dem Schlachtfeld begleiteten. Ihre Tochter Harmonia, die Gemahlin des Kadmos von Theben, hatte zwei Kinder: Die Tochter Agaue wurde von Dionysos mit Wahnsinn geschlagen und zerriss ihren Sohn Pentheus in Stücke; die Tochter Autonoë war die Mutter des Aktaion, der Artemis, die Göttin der Jagd, beleidigte und von ihr in einen Hirsch verwandelt und von seinen eigenen Hunden zerrissen wurde. Ihr einziger Sohn war Polydoros, der König von Theben, der ein Vorfahre des Odysseus war. Ihre Tochter Semele zeugte mit Zeus den Gott Dionysos, den Gott des Weines und der Ekstase, der später Ariadne zur Frau nahm, die Tochter des Königs Minos von Kreta. Zeus machte sie wegen seines Sohnes Dionysos unsterblich. Auch der Heros Herakles ging aus einer Verbindung zwischen Göttern und Sterblichen hervor. Mit Alkmene zeugte Zeus seinen Sohn Herakles. Nachdem dieser seine Heldentaten vollbracht hatte, gab ihm Zeus das ewige Leben.

Maia, eine Bergnymphe und Tochter des Atlas und der Pleione, kam in den Olymp, wo sie mit Zeus den Götterboten Hermes zeugte. Zeus und Leto hatten zwei Kinder: Artemis und Apollon, die lieblichsten Götter des Himmels.

Oben: Zeus und Hera; griechische Metope (Tafel) aus dem frühen 5. Jahrhundert v. Chr. Hera wird mit einem Brautschleier und Zeus mit Bart dargestellt. Der stilisierte Faltenwurf der Gewänder ist typisch für die archaische Kunst.

Rechts: Claude Lorrain (1600–1682): „Apollon und die Musen am Berg Helikon". Der Maler stellt das griechische Helikon in eine nördliche Nebellandschaft. Der Tempel folgt wahrscheinlich einer römischen Vorlage.

Die Okeanide Perseïs und der Sonnengott Helios hatten eine Tochter, die mächtige Zauberin Kirke (Habicht), die alle ihre Feinde in ein Tier verwandelte und dem Odysseus drei Söhne gebar: Telegonos, Agrios und Latinos. Mit der Okeanide Eidyia zeugte Aeites die Tochter Medea.

Die Kinder der Göttinnen

Demeter, die Göttin der Fruchtbarkeit, lag mit Iasion, dem Sohn des Zeus und der Atlastochter Elektra, in einem dreimal gepflügten Feld. Ihm gebar sie den Sohn Plutos („Reichtum"), der die Felder schützte. Eos, die Göttin der Morgenröte, verliebte sich in Kephalos, den Sohn des Götterboten Hermes, dem sie einen Sohn, Phaëthon, gebar. Aphrodite, die Göttin der Liebe, begehrte den hübschen Phaëthon. Sie entführte ihn und machte ihn in einem syrischen Tempel zu ihrem Priester. Aphrodite verliebte sich in Anchises, den Sohn des Kapys, und gebar ihm den sterblichen Heldensohn Aeneas, dessen Nachfahren die Stadt Rom gründeten. Die schöne Meeresgöttin Thetis verliebte sich in den sterblichen Peleus, den König von Phthia, dem sie den löwenmutigen Sohn Achilleus schenkte.

Oben: Peter Paul Rubens (1577–1640): „Jupiter und Semele". Hera rächte sich an der sterblichen Semele, indem sie Zeus in seiner wahren Gestalt erscheinen lässt. Rubens zeigt Zeus mit seinen Donnerkeilen, durch die er Semele vernichtet.

Rechts: Peter Paul Rubens (1577–1640): „Aurora und Kephalos". Eos (Aurora), die Göttin der Morgenröte, lädt den müden Jäger ein, ihren Wagen zu besteigen. Die müden Hunde des Jägers stehen in einem starken Kontrast zu den hellwachen Pferden der Göttin.

Prometheus bringt der Menschheit das Feuer

Die Sage vom Titanen Prometheus erscheint früh in der griechischen Literatur und in der griechischen Vasenmalerei. Die große Popularität der Sage in der klassischen Epoche ist darauf zurückzuführen, dass Prometheus, der mythische Urrebell und Vorkämpfer der Menschheit, den Göttern trotzt. Sein Name bedeutet „der Vorausdenkende" und kennzeichnet seinen Charakter. Hesiod stilisiert ihn in seiner Theogonie *zum Menschheitsschöpfer, und für Künstler der Neuzeit, wie den Komponisten Beethoven oder den Dichter Shelley, ist er Ausdruck des übermenschlichen Kampfes für Gerechtigkeit. Es folgt der Bericht von Hesiod aus der* Theogonie.

Oben: Jan Cossiers (1600–1671): „Prometheus bringt das Feuer". Der rebellische Titan trägt das olympische Feuer, das dem Menschen das Licht bringt. Das Feuer hat Prometheus aus der Schmiede des Hephaistos gestohlen.

Gegenüber: Die Erschaffung der Pandora. Attische rotfigurige Vasenmalerei aus dem frühen 5. Jahrhundert v. Chr. Von links nach rechts: Hermes, Hephaistos, Pandora und Eros, der über dem Haupt der Pandora fliegt.

Iapetos führte die schönfüßige Okeanostochter Klymene heim und bestieg mit ihr das gemeinsame Lager. Sie gebar ihm den Atlas, einen unerschrockenen Knaben. Sie gebar auch den hochberühmten Menoitios und den Prometheus, den Verschlagenen und Listigen, und den fehldenkenden Epimetheus, der von Anfang an ein Übel war für die arbeitenden Menschen.

Als erster nämlich nahm er das von Zeus geschaffene Mädchen zur Frau.

Den überheblichen Menoitios aber schickte der weitsehende Zeus in den Erebos hinab, ihn treffend mit dem raucherzeugenden Blitz wegen seines Frevels und wegen seiner übermütigen Stärke.

Als nämlich die Götter und die sterblichen Menschen sich trennten zu Mekone, da legte er ein großes Rind, nachdem er es bereitwillig geteilt hatte, vor, den Sinn des Zeus zu täuschen.

Der einen Partei nämlich stellte er das Fleisch und die fetten Eingeweide in einer Haut hin, sie verhüllend mit dem Magen des Stiers, der anderen aber stellte er die weißen Knochen des Rindes, in listiger Kunst geordnet, hin, sie verhüllend mit glänzendem Fett.

Von da an verbrennen die Geschlechter der Menschen auf der Erde den Unsterblichen weiße Knochen auf rauchenden Altären.

Den (Prometheus) aber redete der wolkensammelnde Zeus unwillig an: „Iapetossohn, der du Pläne weißt besser als sie

alle, mein Lieber, du hast deine listige Kunst noch nicht vergessen."

So sprach zürnend Zeus, der unvergänglichen Rat weiß. Deswegen nun gab er danach, für immer an die List (des Prometheus) denkend, die Kraft des unermüdlichen Feuers nicht den Eschenhölzern für die sterblichen Menschen, die auf der Erde wohnen.

Aber der edle Sohn des Iapetos täuschte ihn (wiederum), indem er das weithin leuchtende Licht des unermüdlichen Feuers stahl in einem hohlen Narthex. Das kränkte zutiefst in seinem Sinn den in der Höhe donnernden Zeus, erzürnte ihn in seinem Herzen, als er unter den Menschen das weithin leuchtende Licht des Feuers sah.

Es ist nicht möglich, den Verstand des Zeus zu täuschen und zu umgehen, den verschlagenen Prometheus aber fesselte er mit unauflöslichen Banden, mit schmerzenden Fesseln, nachdem er die Mitte einer Säule durchbohrt hatte, und stachelte einen breitflügeligen Adler gegen ihn an.

Dieser fraß seine unsterbliche Leber. Sie wuchs aber überall nach, so, wie sie früher war, in der Nacht, wie viel (auch) der breitgeflügelte Vogel den ganzen Tag lang gefressen hatte. Diesen nun tötete der wehrhafte Sohn der schönfüßigen Alkmene, Herakles, wehrte die schlimme Qual von dem Sohn des Iapetos ab und erlöste ihn von seinen Schmerzen.

(Aus dem Altgriechischen von Karl Albert)

Der Kampf zwischen den Titanen und den Olympiern

Unterhalb des Berges Olymp liegt die Ebene Thessaliens und auf der anderen Seite der Gebirgszug Othrys. Die alten Götter, die Titanen, kämpften unter der Führung des gewaltigen Kronos vom Gipfel des Othrys aus gegen die Olympier, Zeus und seine Geschwister vom Berg Olymp. Zehn volle Jahre rangen sie schon miteinander, aber keine Partei war in der Lage, die andere entscheidend zu besiegen. Erst als Gaia den neuen Göttern das Geheimnis des Sieges verriet, befreite Zeus die drei hundertarmigen Riesen, die Hekatoncheiren, die furchtbaren Söhne der Gaia und des Uranos, die Kottos, Gyes und Briareos hießen. Er stärkte sie mit Nektar und Ambrosia, dem Trank und der Speise der Götter. Und Zeus forderte die Giganten auf, aus Dankbarkeit mitzukämpfen gegen die Titanen: „Hört mich an, Kinder der Gaia und des Uranos, höret meinen Plan. Seit vielen Jahren kämpfen wir gegen unsere Brüder und Schwestern, die Titanen. Wenn wir siegen, gehört uns die Macht allein. Wollt ihr uns jetzt helfen, so, wie wir euch geholfen haben, als wir euch aus der Finsternis befreiten? Dann ergreift mit jedem eurer hundert Arme ein Schwert und einen Speer und lasst uns gemeinsam gegen die Titanen kämpfen."

Als Zeus seine Rede beendet hatte, stand Kottos auf und antwortete mit einem seiner fünfzig Häupter: „Du bist unser Freund, mächtiger Zeus. Und du musst uns nicht besonders an die finstere Zeit erinnern, die wir wegen des grausamen Kronos in unterirdischer Verbannung verbringen mussten, ohne unsere Kraft sinnvoll einsetzen zu können. Wir sehen, dass du mit deiner Intelligenz uns, die Unsterblichen, aus einer großen Gefahr errettet und uns drei aus der Dunkelheit zurück ins Licht gebracht hast. Um dir unsere ewige Dankbarkeit zu zeigen, werden wir gemeinsam die Titanen besiegen. Der Kampf wird fürchterlich sein, und ein großes, gewaltiges Gemetzel wird unseren großen Sieg krönen."

Die olympischen Götter applaudierten bei den Worten des Kottos, erhoben ihre Becher voll des köstlichen Nektars und tranken auf den Sieg. Als es zum Kampf kam, ließ das gewaltige Ringen die Erde und den Himmel erzittern. Als Zeus sah, dass sein herrlicher, von Hephaistos errichteter

Gegenüber: Athene kämpft gegen Alkyone und Gaia: Reliefskulptur vom Zeusaltar in Pergamon (frühes 2. Jahrhundert v. Chr.). Athene trägt den Brustpanzer *(aegis)*, an dem das Haupt der Medusa befestigt ist. Gaia entsteigt der Erde, um ihrem Sohn zu helfen. Die geflügelte Nike (rechts) überreicht Athene die Siegeskrone. Der dramatische Stil mit seinen expressiv gestalteten Figuren ist typisch für die hellenistische Kunst.

Rechts: Giovanni Battista Tiepolo (1693–1770): „Der Olymp". Zeus thront majestätisch auf einer Wolke, während der Götterbote Hermes über ihm Luftsprünge vollführt. Aphrodite sitzt mit Eros (Cupido) auf einem Wagen, der von ihren heiligen Tauben gezogen wird. Darunter Pallas Athene.

Palast einzustürzen drohte, wurde er zornig und zeigte zum ersten Mal seine gewaltigen Kräfte. Mit Blitzen, die ihm die Kyklopen geschmiedet hatten, warf er sich den Giganten entgegen. Die hundertarmigen Hekatoncheiren nahmen dreihundert Steine und überschütteten die Festung der Titanen und besiegelten deren Ende. Die besiegten Titanen wurden gefesselt und in die tiefsten Tiefen der Erde, in den Tartaros, gestoßen, der so tief unter dem Hades wie der Himmel über der Erde liegt. Bis dahin reichten die Wurzeln von Erde und Meer. Und sie errichteten eine mächtige Mauer

um den Tartaros. Und Poseidon legte die ehernen Türen darüber, sodass sie aus der Dunkelheit nicht mehr entweichen können. Als treue Wächter, von Zeus bestellt, wohnen Gyes, Kottos und Briareos davor.

Oben: Joachim Patinir (1480–1524): „Charon überquert den Styx". Engelhafte Figuren (links) eskortieren den Toten aus dem Reich der Lebenden ins Reich der Unterwelt. Im Hades kommen sie am furchterregenden Höllenhund Kerberos vorbei, der die Tore bewacht. Feuer, Todesszenen und Engel drücken eine christliche Auffassung der Hölle aus.

Die Unterwelt und ihre Bewohner

Tartaros ist ein finsterer Raum mit ehernen Toren und Mauern. Zu ihren schrecklichen Wächtern setzte der siegreiche Zeus die Hekatoncheiren ein, die ihm treu ergeben waren. Der von Wirbelstürmen und Moder erfüllte Schlund war selbst für Götter unheimlich. Hier war Nyx, die Nacht, zu Hause, und vor ihr stand Atlas, der Himmelsträger. Hier hausten auch ihre Kinder, der schöne junge Hypnos („Schlaf") und der hässliche Bruder Thanatos („Tod"). Hier stand das Felsenhaus der Styx, Verbannungsort für meineidige Götter. Hier hausten Hades und Persephone mit Kerberos, dem dreiköpfigen Wachhund der Unterwelt, der jeden verschlingen musste, der aus dem Reich des Hades zu entkommen suchte. Er war so schrecklich anzusehen, dass jeder Mensch, der ihn zu Gesicht bekam, auf der Stelle zu Stein wurde.

Styx, die älteste Tochter des Okeanos, die auch den Unsterblichen das Grauen lehrte, wohnte in einem herrlichen Palast mit silbernen Säulen, die ein Dach aus mächtigen Felsen stützten. Sie herrschte über jenen Fluss, der vom Okeanos abzweigte und sich bis in die Unterwelt ergoss. Dort teilte er sich in mehrere Arme und wand sich neunmal um das Reich der Toten. Immer wenn ein Gott einen Eid schwor, holte die schnelle, geflügelte und beschuhte Götterbotin Iris („Regenbogen") einen Krug mit einem beim Wasser der Styx geschworenen Eid und brachte ein Opfer dar, während der Schwur gesprochen wurde. Wer einen solchen Eid brach, verfiel in eine totenähnliche Starre für ein „Großes Jahr", das entspricht der Zeit von neun normalen Jahren. Dann wurde er für weitere neun Jahre vom Olymp verbannt. Erst danach durfte er wieder an den Mahlzeiten der Unsterblichen teilnehmen.

Zeus kämpft gegen Typhon

Nachdem Zeus die Titanen aus dem Himmel und von der Erde vertrieben und in den finsteren Tartaros gesperrt hatte, herrschte für eine kurze Zeit Frieden, und das verwüstete

Land und die verwüsteten Wälder erholten sich von dem schrecklichen Kampf. Abermals verspürte Gaia, die Göttin der Erde, den sehnlichen Wunsch, ein weiteres Kind zu haben, darum vermählte sie sich auf Rat der kenntnisreichen Aphrodite mit dem finsteren Tartaros. Diesem gebar sie in der korykischen Höhle im südöstlichen Kleinasien das Ungeheuer Typhon: Dieses Monstrum hatte hundert schlangenartige Köpfe, aus denen eine dunkle Zunge bleckte, und feurig blitzende Augen. Und jeder Kopf verfügte über eine fürchterliche Stimme. Und jede dieser Stimmen redete in der Sprache der Götter oder brüllte wie ein gewaltiger Stier, wie ein wilder Löwe oder heulte wie eine Meute von Jagdhunden. An Größe und Stärke übertraf er alle Kinder der Gaia. Bis zu den Hüften hatte er Menschengestalt und war so hoch, dass er alle Berge überragte und sein Haupt die Sterne berührte. Dieser stolze und jüngste Sohn der Gaia und des Tartaros hatte nur einen Wunsch: Er wollte der alleinige Herrscher sein über Himmel und Erde.

Kaum war Typhon ausgewachsen, fing er an, Zeus zu bekämpfen. Gott Zeus, der die drohende Gefahr begriff, überlegte, wie er den Typhon würde besiegen können. Als endlich Typhon aus der Finsternis des Tartaros auftauchte, schleuderte ihm Zeus viele Donnerkeile entgegen und schlug ihn bis zum syrischen Berg Kasios zurück. Dort stellte sich das Ungeheuer zum Kampf. Es kam zu einem grauenerregenden Ringen, wobei es Typhon im Nahkampf gelang, dem Zeus die Harpe (Sichel) zu entwinden. Mit der Sichel schnitt das Ungeheuer dem Zeus alle Hand- und Fußsehnen aus dem Leib, sodass dieser hilflos am Boden lag. Jetzt ergriff Typhon die Donnerkeile des Zeus und gab die Sehnen Delphyne, einem anderen Ungeheuer, halb Frau, halb Drachen, die sie in der korykischen Höhle sorgsam hüten sollte. Der hilflose Zeus wurde ebenfalls in der Höhle versteckt. Mithilfe der Götter Hermes und Agipan konnte Zeus entkommen. Zurück auf dem Olymp versorgte er sich mit neuen Donnerkeilen, nachdem ihm die Sehnen wieder eingesetzt worden waren. Auf dem thrakischen Berg Haimon kam es erneut zum Kampf zwischen Zeus und Typhon. Diesmal war Zeus der Stärkere. Er jagte Typhon nach Süden zu dem Meer, ergriff eine Insel und schleuderte sie über ihn. Aber es wird auch berichtet, dass Zeus bei diesem ungeheuren Kampf mit seinen Donnerkeilen einen Weltenbrand entfachte, in dem die Köpfe des Typhon verbrannten. Dabei fiel dieser auf die Erde, und unter der Last des gewaltigen Gewichtes stöhnte seine Mutter Gaia gewaltig auf. Dann packte ihn Zeus und schleuderte ihn in einem gewaltigen Wurf in die tiefsten Tiefen des Tartaros, wo er den gefangenen Titanen Gesellschaft leistete. In der fürchterlichen Unterwelt wurde Typhon zum Vater aller dem Menschen schädlichen Winde und der Vulkaneruptionen. Deshalb ist von seinem Namen das Wort „Taifun“ abgeleitet.

Oben: Zeus schleudert einen Donnerkeil: Bronzehohlguss (460–450 v. Chr., Kap Artemisium). Eine der wenigen erhaltenen griechischen Bronzefiguren. Weil die göttliche Waffe verloren gegangen ist, halten ihn manche für Poseidon, der seinen Dreizack schleudert. Aber der kurze Donnerkeil passt besser in die Hand als ein großer Dreizack. Götter und Heroen werden gewöhnlich nackt gezeigt. Die Skulptur wirkte ursprünglich noch plastischer durch Glasaugen und die kupferroten Lippen und Brustwarzen.

Griechische Plastik

Stilistische Perioden der griechischen Kunst:
650–490 v. Chr.: ARCHAISCH
490–450 v. Chr.: FRÜHKLASSIK
450–400 v. Chr.: HOCHKLASSIK
400–323 v. Chr.: SPÄTKLASSIK
323–30 v. Chr.: HELLENISTISCH

Die Überlieferung der antiken Plastik ist recht lückenhaft. Fast alle kolossalen Kultbilder sind verloren, ebenso die zahlreichen Votivbilder aus Bronze und Marmor. In prähistorischer Zeit hatten die griechischen Künstler die Bildnisse ihrer Götter aus Holzstämmen und geschlagenem Metall hergestellt. Die ersten Tierfiguren (Pferde, Vögel) wurden im 10. Jahrhundert in mykenischer Tradition auf der Töpferscheibe gefertigt, später kamen auch menschliche Figuren mit erhobenen Armen hinzu (Wagenlenker, Krieger und Reiter).

Die archaische Periode unterschied physisch nicht zwischen Menschen und Göttern. Die Statuen wurden den Göttern in den Tempeln als Weihgeschenk dargebracht (nackte männliche Wesen für die Götter, bekleidete weibliche Wesen für die Göttinnen). Sie dienten auch als Grabmonumente, um an den Verstorbenen zu erinnern. In der

Oben links: Apollon. Bronzehohlguss (Piräus, 530–520 v. Chr.). In der linken Hand trug der Gott seinen Bogen und eine Opferschale in der rechten. Die steife Schrittstellung ist typisch für die archaische Kunst.

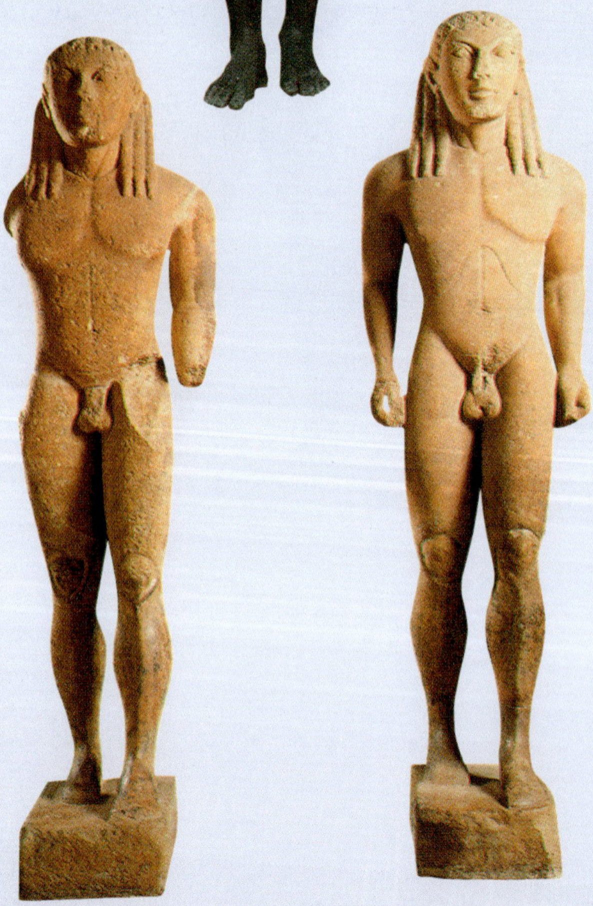

Links: Zwillingsstatuen aus dem Apollon-Heiligtum in Delphi (frühes 6. Jahrhundert v. Chr.).

archaischen Epoche beginnen die Maler, Vasenmaler, Bildhauer und Keramiker, ihre Arbeiten zu signieren und ihren Figuren Namen zu geben.

Die archaischen Statuen der Brüder Kleobis und Biton entstanden um 590 v. Chr. und wurden von den Bewohnern der Stadt Argos in Delphi aufgestellt. Die Brüder, Söhne der Herapriesterin Kydippe, zogen einmal den Ochsenkarren in den Tempel der Hera, da die Ochsen sich verspätet hatten. Daraufhin erbat sich ihre Mutter als Belohnung für die Söhne bei Hera das Beste, was Sterblichen zuteil werden könne. Herodot berichtet, dass Kleobis und Biton hierauf in einen tiefen Schlaf versanken und nicht mehr erwachten.

Im 5. Jahrhundert v. Chr. stellten die Figuren aus Bronze und Marmor sowohl Gottheiten als auch Menschen dar. Und das hohe Schönheitsideal der Künstler gab ihnen einen starken realistischen Ausdruck. Die Marmorstatuen waren in der Regel bemalt, und die Bronzestatuen müssen damals naturalistischer gewirkt haben, als sie es heute tun, denn sie hatten fleischfarbene Körper, kupferrote Lippen und Brustwarzen, mit Silber überzogene Zähne und realistische Augen aus farbigen Steinen. Die Gottheiten waren an ihren Attributen leicht zu erkennen: Apollon am Bogen, Athene an der Rüstung, Zeus an den Donnerkeilen und Poseidon am Dreizack.

Die plastische Darstellung der Heroengeschichten verlangte mehr als nur die Darstellung einer einzigen Figur. So begannen die Bildhauer Gruppen von Skulpturen zu schaffen. Die religiösen Bauwerke wurden mit zahlreichen Plasti-

Unten: Poseidon, Apollon und Artemis auf dem Parthenon Fries in Athen (448–432 v. Chr.). Dieser 160 m lange und 1,06 m hohe Fries mit seinen mindestens 40 Figuren gehört zu den bedeutendsten Resten antiker Skulptur. Der Bildhauer und bedeutende Marmorbildner Phidias hatte die Oberleitung über die perikleischen Bauten in Athen und schuf auch das überlebensgroße Kultbild der Athena Parthenos.

ken geschmückt, die häufig Episoden aus den Sagen und Legenden illustrieren. Zu den berühmtesten Tempeln zählt der Parthenon in Athen (448–432 v. Chr.), dessen plastischer Schmuck zu den bedeutendsten Zeugnissen antiker Skulpturenfriese gehört. Der Skulpturenfries zeigt die Kentaurenkämpfe, die Einnahme Trojas, die Geburt der Athene, den Wettstreit der Athene mit Poseidon, die Kämpfe der Götter mit den Giganten, die Kämpfe der Griechen mit den Amazonen. Im Tempel selbst stand die etwa 12 m hohe Goldelfenbeinfigur der Athena Parthenos, die Phidias, der berühmteste Bildhauer der Hochklassik und künstlerische Berater des Perikles, zwischen 447 und 438 v. Chr. schuf. Diese Statue ist leider nicht überliefert, doch glücklicherweise haben sich zahlreiche Verkleinerungen in Marmor oder Nachahmungen auf Medaillons, Gemmen und Münzen erhalten. Überliefert ist auch eine Replik des Kopfes.

In dieser Art wurden noch bis in die spätklassische und hellenistische Epoche Statuen geschaffen, aber ganz allmählich änderte sich der Stil: Die Statuen wurden sinnlicher, betonten deutlich den Penis, die Brüste und das Gesäß. Man entdeckt die Eigenheit von Kindern, Sklaven, Tieren und zeigt Verständnis für das Leben der Frau. Am Ende der hellenistischen Periode verflacht die plastische Kraft, man imitiert zunehmend ältere Arbeiten, weil die hellenistische Kunst sich gegen Rom zu verteidigen hat und sich auf seine große Vergangenheit beruft. Monumentale Gruppen von Gottheiten und Musen, Gruppen von Kämpfern mit Giganten, Amazonen, Persern und Galliern entstehen.

Oben: Apollon vom Belvedere: Die hadrianische Marmorkopie (2. Jahrhundert n. Chr.) nach einem Bronzeoriginal des attischen Bildhauers Leochares (um 370–320 v. Chr.) gilt als eine der bekanntesten Statuen der Antike. Goethe schrieb 1771 an Herder: „Apollon vom Belvedere, warum zeigst du dich uns in deiner Nacktheit, dass wir uns der unsrigen schämen müssen?"

Oben: Sogenannte Varvakeion Athena. Verkleinerte Marmornachbildung des 2. Jahrhunderts n. Chr. nach der Gold-Elfenbeinstatue des Phidias im Parthenon. Höhe des Originals über 12 m, der Nachbildung ca. 1,05 m. Athene trägt den Brustschild mit dem Haupt der Medusa und einen langen Peplos, der in der Hüfte gegürtet ist; das rechte Standbein ist unter den Steilfalten des Peplos verborgen und lässt nur die Zehen und Sandalenspitze hervortreten. Eindrucksvoll ist der Helmschmuck mit einer Sphinx, vier geflügelten Pferden und Pegasosprotomen.

Oben. Athena Parthenos. Zwischen 447 und 438 schuf der attische Bildhauer Phidias die kolossale, fast 12 m hohe Gold-Elfenbeinstatue der Athena Parthenos für den Parthenon in Athen. 438 wurde das Kultbild aufgestellt. Die Göttin stand auf einer 1,2 m hohen Basis, die im Relief die Geburt der Pandora zeigt. Den Kern der kolossalen Statue bildete ein Holzgerüst. Auch die Teile des nackten Körpers, die die Deckschicht aus Elfenbein trugen, waren bis ins Einzelne in Holz geschnitzt. Auf der vorgestreckten Rechten hielt Athene eine über 2 m hohe Nike, die Siegesgöttin, die mit ihrem Kult eng verbunden ist. Die Hand war wohl ursprünglich von einer hohen Säule gestützt wie zum Beispiel bei der sogenannten Varvakeion Athena (gegenüber). In der gesenkten linken Hand hielt die Göttin den Rand eines großen Schildes, an dessen Innenseite sich die Burgschlange ringelt. Schulter und Brüste waren von einer großen, schlangenumwundenen Aegis bedeckt, die in der Mitte das Haupt der Medusa aus Elfenbein zeigte. Die Abbildung zeigt das rekonstruierte Modell des verloren gegangenen Originals.

KAPITEL ZWEI

Die olympischen Götter

Die olympischen Götter waren zwölf an der Zahl: Zeus, Hera, Athene, Hephaistos, Ares, Aphrodite, Apollon, Artemis, Demeter, Hestia, Poseidon und Hermes. In einer anderen Ordnung ersetzt Dionysos häufig die Hestia. Ebenfalls auf dem Olymp wohnten Herakles (aber erst nach seiner Unsterblichkeit), seine Frau Hebe (die Tochter der Hera, Mundschenk der Götter und Göttin der Jugend), Eros (der jugendliche Gott der geschlechtlichen Liebe und Gefährte der Aphrodite), die Titanin Iris (Götterbotin des Zeus und der Hera, die den Menschen als Regenbogen erscheint) sowie Ganymedes (der Mundschenk des Zeus). Hades blieb in der Unterwelt.

Nach seinem Sieg über Typhon übertrug Zeus jedem der Götter eine bestimmte Macht, und es war ihnen untersagt, sich gegenseitig zu übertreffen: So wurde Aphrodite, die Göttin der Liebe, von Zeus getadelt, als sie am Kampf um Troja teilnahm. Nur Hermes war es erlaubt, den Himmel, die Erde und die Unterwelt zu betreten. In der Literatur hatte jeder der Götter einen besonderen Beinamen: Zeus war „der Wolkensammler", Hera „die Ochsenäugige", Athene „die mit den Augen Blitzende". In den bildenden Künsten kann man sie an ihrem Alter, ihrer Kleidung und ihren Attributen erkennen, obwohl dies in der frühen griechischen Kunst noch nicht so deutlich war.

Zeus

Zeus, der oberste Herrscher der griechischen Götter, war ein Sohn des Kronos und der Rhea. Nach dem Kampf gegen Typhon und nach der Schlacht mit den Titanen wurde er Herrscher des Olymp. Er zeugte zahlreiche Kinder mit den Titaninnen und heiratete dann seine Schwester Hera. Obwohl sie Kinder hatten, war ihre Ehe alles andere als harmonisch, denn Zeus stellte leidenschaftlich den schönen Sterblichen nach. Und zwar immer nach dem gleichen Schema: Er verkleidet sich, denn sein Donnerkeil würde die Sterblichen auf der Stelle töten. Immer wenn seine Frau Hera von seinen Eskapaden erfährt, rächt sie sich an ihrem Gatten, indem sie seine Geliebten oder deren Kinder bestraft.

Zeus, dessen Name indoeuropäischen Ursprungs ist und so viel wie „Hellaufleuchtender" bedeutet, war der Gott der himmlischen Gewalten, oberster Richter und Vater der Götter und Menschen. In den bildenden Künsten wird er auf dem Thron sitzend dargestellt, gelegentlich behelmt und fast immer mit seinen Donnerkeilen in der Form eines geflügelten Speeres.

Er wird begleitet von einem dienstbaren Vogel, einem Adler. Ihm wurden viele Beinamen gegeben: „der Gnädige", „der Beschützer des Besitzes", „der Beschützer des Hauswesens und der Schutzflehenden". Sein Göttersitz befand sich auf dem Olymp, wo alle Griechen alle vier Jahre zu seinem Ruhm an den „Olympischen Spielen" teilnehmen konnten. Im 5. Jahrhundert v. Chr. wurde Zeus ein kostbarer Tempel auf dem Olymp errichtet, mit einem goldenen Thron und einer Kolossalstatue von ihm aus Gold und Elfenbein. Das vom Künstler Phidias geschaffene Werk zählte zu den Sieben Weltwundern.

Hera

Hera, älteste Schwester des Zeus, Gemahlin des Zeus und Beherrscherin des Himmels, war die Tochter des Kronos und der Rhea. Hera wurde bei ihrer Geburt von ihrem Vater verschlungen, der einen Aufstand der Kinder gegen sich fürchtete. Am Kampf der Götter gegen die Titanen nahm sie nicht teil, sondern wurde nach ihrer Befreiung aus Kronos' Magen von Okeanos und Tethys erzogen. Als Ehefrau des Zeus wurde sie später die Göttin der Heirat und der Geburt. Hera wurde von den Frauen der gesamten griechischen Welt verehrt, nicht zuletzt wegen der zahllosen Liebschaften ihres Gatten mit den schönen Sterblichen. Dem Zeus gebar sie drei Kinder: Ares, Hebe (Mundschenk der Götter und Wächterin der ewigen Jugend) und Eileithyia, Göttin der Geburt. In ihrem Zorn gegen die jungfräuliche Geburt der Athene brachte sie Hephaistos ohne Vater zur Welt.

In den bildenden Künsten wird Hera als reife Frau dargestellt, manchmal mit Zepter und Krone. Ihr Hauptattribut ist der Pfau. Ihr Haupttheiligtum stand in Argos.

Athene

Die kriegerische Jungfrau Athene, die Tochter des Zeus, ist eine der zwölf großen olympischen Gottheiten. Sie war die Schutzgöttin des Krieges, der Weisheit und der Künste. Sie liebte die Männer nicht, sondern ging lieber Männergeschäften nach, und gerne begleitete sie die Krieger in die Schlacht. Für ihre Geburt gibt es mehrere Erklärungen: Einmal soll Zeus die kluge Metis zur Ehe überzeugt haben. Als

Gegenüber: Zeus und Hera. Schwarzfigurige Lekythos von der Agora in Athen (Mitte des 6. Jahrhunderts n. Chr.). Hera bindet einen Blumenkranz um das Haupt des Zeus, der in der rechten Hand seine Donnerkeile trägt. Die Götter heißen Herakles (andere Seite der Vase) im Olymp willkommen, dessen Eingang durch Tempelsäulen dargestellt ist.

Oben: Die Geburt der Athene. Rotfigurige Pelike (Krug) aus einem etruskischen Grab des frühen 5. Jahrhunderts v. Chr. Eine Athene in vollem Kriegsschmuck (und en miniature) entspringt dem Haupt des Zeus, das der Schmied Hephaistos mit einer Axt spaltete. Der Schmied trägt seine typische kurze Arbeitstunika, Poseidon seinen Dreizack und Zeus sein Zepter.

Oben: Klagende Athene. Votivrelief von der Akropolis in Athen (um 470 v. Chr.). Athene betrachtet wahrscheinlich einen Grabstein, der die Namen derjenigen Athener auflistet, die im Krieg gegen die Perser gefallen sind. Die Göttin trägt ihren Kriegshelm und den Peplos (Faltengewand). Sie stützt sich auf ihren Speer, aber hat ihren Brustschild abgenommen.

sie schwanger wurde, warnten Gaia und Uranos den Zeus, wenn sie noch ein zweites Kind bekommen würde, so werde dieses mächtiger als sein Vater sein. Aus Angst davor verschlang er seine Frau. In einer anderen Version wollte Metis Jungfrau bleiben. Darum verwandelte er sie in eine Fliege und verschluckte sie. Metis gelangte in das Haupt des Zeus, aus dem dann schließlich Athene trat. In einer weiteren Version soll Hephaistos der Geburtshelfer gewesen sein, der mit einem Doppelkeil auf seinen Scheitel schlug, aus dem Pallas Athene in Kriegswaffen von schimmerndem Golde mit solch lautem Schlachtruf hervorsprang, dass der Himmel davon erschauerte. Als Preis für seine Geburtshilfe forderte er Athene zur Frau. Man gab sie ihm. Aber als sie schon im Brautgemach waren und bereit zur Liebe, verschwand sie plötzlich. Der Samen des Hephaistos fiel zu Boden. Die Göttin Gaia gebar davon den Erichthonios, das göttliche Kind der Akropolis von Athen, und überreichte den Neugeborenen der Pallas Athene. Ihre Beinamen „Promachos" (der Held) und „Ergane" (Arbeiter) zeigten ihre Doppelrolle als Göttin des Krieges und der alltäglichen Arbeit. In Kunst und Literatur wird sie mit voller Rüstung, mit Helm, Rundschild und Speer dargestellt. Ihr Hauptattribut ist die Eule. Ihr größtes Heiligtum war der Parthenon-Tempel in Athen. Sie gewann die Stadt aber nicht kampflos, da auch Poseidon die Stadt für sich forderte. Es kam zu einem Wettstreit, bei dem Poseidon auf der Akropolis eine Quelle mit Salzwasser entspringen ließ; als Antwort darauf ließ Athene einen Ölbaum emporwachsen. Den praktisch veranlagten Athenern gefiel der Ölbaum mehr, und ihre Wahl fiel auf Athene. In seinem Zorn überschwemmte Poseidon Attika, doch da die Athener ihm auch ihre Sympathie schenkten, lenkte er ein und war von nun an Athen freundlich gewogen.

Poseidon

Poseidon, der griechische Hauptgott der Meere, Erdbeben und der Pferde, war ein Sohn des Kronos und der Rhea und Bruder des Zeus und des Hades. Durch Los fiel ihm das Meer zu. Wie sein Bruder Zeus verkleidete er sich mit Vorliebe in Tiergestalt (Delfin, Vogel, Pferd) und verfolgte verliebt die schönen Sterblichen. Er hatte eine große Anzahl Kinder von Göttinnen, Nymphen und sterblichen Frauen. Poseidon war kriegerisch veranlagt, begehrte häufig auf und gab sich ungern geschlagen. Und wie Zeus liebte er auch die Männer. Einmal entführte er Pelops, den Sohn des Lyderkönigs Tantalos, auf den Olymp, wo die Götter ihm sein legendäres Gespann geflügelter Pferde schenkten. In den bildenden Künsten wird er als große, bärtige Gestalt mit Dreizack dargestellt und manchmal auch mit einem Fisch.

Artemis

Die stolze Artemis, eine der zwölf großen olympischen Gottheiten, Göttin der Jagd, des Bogenschießens, Beschützerin der wilden Tiere, der Kinder und Schwachen, war die Tochter der Leto und des Zeus und Zwillingsschwester des Apollon. Sie verteidigte ihre Jungfräulichkeit und bestrafte alle, die diesen Zustand beenden wollten. So musste Agamemnon, bevor er von Aulis nach Troja segelte, die Göttin durch das Opfer seiner Tochter Iphigenie besänftigen, weil er behauptet hatte, ein ebenso guter Jäger zu sein wie Artemis. Im letzten Augenblick ließ Artemis eine Hirschkuh opfern und ließ die Jungfrau im Land der Taurer auf der Krim

Oben: Poseidon. Rotfigurige Schale des attischen Vasenmalers Oltos (um 530–550 v. Chr.), von dem nur zwei signierte Schalen erhalten sind. Die Vasenmaler bemalten die Innenseite ihrer Schalen und ihrer Teller, sodass die Dekoration sichtbar wurde, wenn vom Teller gegessen und aus der Schale getrunken wurde. Der Dreizack und der Fisch sind die Attribute des Poseidon. Die Signatur auf der Umrandung stammt vom Keramikkünstler: „von Kachrylion gemacht".

Oben: Artemis von Versailles. Römische Marmorkopie eines griechischen Originals (4. Jahrhundert v. Chr.). Die jungfräuliche Göttin trägt hier eine kurze Tunika. Sie greift nach den Pfeilen in ihrem Köcher, während neben ihr eine Hirschkuh läuft (kleines Bild). Die Skulptur zeigt Artemis in ihrer doppelten Rolle als Jägerin und Beschützerin des Wildes.

zurück, wo sie in einem Tempel Priesterin sein sollte. Und als Agamemnon seine Armee und seine Flotte zum Angriff gegen Troja gesammelt hatte, konnte er keine Segel setzen lassen, denn Artemis sandte Gegenwind. Einmal bestrafte sie Aktaion, der sie nackt baden sah. Weil sie fürchtete, er würde damit prahlen, verwandelte sie ihn in einen Hirsch und ließ ihn von seinen eigenen Hunden zerreißen.

Apollon

Apollon, der Hauptgott der prophetischen Weissagung, der Künste und des Bogenschießens, war der Sohn des Zeus und der Leto und Zwillingsbruder der Artemis. Weil seine Mutter Leto keinen Ort fand, wo sie ungestört ihr Kind zur Welt bringen konnte, wanderte sie durch die ganze Welt. Nur Delos zeigte sich bereit, sie aufzunehmen. Der heranwachsende Apollo zog durch Mittelgriechenland, wo er die riesige und mit prophetischen Kräften ausgestattete Schlange Python besiegte. In Delphi gründete er ein Orakel und nannte seine Priesterin Pythia. Einmal segelten Männer auf einem Schiff nach Griechenland. Plötzlich verwandelte sich Apollon in einen Delfin und zwang die Besatzung, nach Delphi zu segeln. Kaum angekommen, eilte er in seinen Tempel und zeigte sich den verängstigten Kretern als schöner Jüngling. Zu seinen Söhnen zählen Asklepios (der Schutzpatron der Heilkunst) und Aristaios, den ihm die Nymphe Kyrene gebar. Apollon hatte viele Liebesgeschichten mit Frauen und mit Männern, von denen die meisten und berühmtesten tragisch endeten. In den bildenden Künsten wird er meist mit Bogen und Köcher, Kithara, Dreifuß und Hinterstab dargestellt. Häufig thront er auf der Spitze des Parnass, umgeben von einem Raben, einem Schwan, den neun Musen, einem dreiköpfigen Drachen und zuweilen den drei Grazien.

Ares

Ares, der griechische Gott des Krieges, war der einzige Sohn des Zeus und seiner rechtmäßigen Gemahlin Hera. Ares hatte keine Frau, aber zahllose Liebschaften, vor allem mit Aphrodite, der Gemahlin des Hephaistos, die ihm Harmonia und die Zwillinge Phobos („Furcht“) und Deimos („Schrecken“) gebar. Das Verhältnis zwischen Aphrodite und Ares kam zu einem abrupten Ende, als der Sonnengott die beiden entdeckte und Hephaistos in den Verrat seiner Gemahlin einweihte. Dieser befestigte ein Netz über seinem Bett, und als Ares und Aphrodite auf dem Bett lagen, fiel das Netz auf die Ehebrecher. Hephaistos rief die Götter herbei, die Ares und Aphrodite auslachten. Hephaistos befreite sie aus dem Netz, und Ares zahlte eine kräftige Buße. In den bildenden Künsten wird er oft als jugendlicher Held dargestellt, in Kriegsrüstung mit Schild, Speer und Schwert. Seine Attribute sind der Wolf und der Speer.

Rechts: Apollon mit seinen Attributen Leier (er war der Gott der Musik) und Köcher (Gott der Jagd); römische Wandmalerei aus dem 1. Jahrhundert n. Chr.

Links: Apollon Sauroktonos („Apollon der Schlangentöter"). Römische Marmorkopie eines griechischen Originals von Praxiteles (4. Jahrhundert v. Chr.). Der Gott zielt mit seinem Pfeil auf eine Schlange, die sich um einen Baum ringelt. Der Künstler hat die Eigenheit des Marmors vollendet zur Geltung gebracht.

Rechts: Ares. Römische Wandmalerei aus dem Haus der Venus in Pompeji (1. Jahrhundert v. Chr.). Die Römer schmückten ihre Gärten mit Marmorkopien griechischer Skulpturen. An der Gartenmauer eines Privathauses hat der Maler die Illusion erzeugt, dass sich der Garten noch jenseits der Mauer fortsetzt. Die Mauer zeigt die Statue des Kriegsgottes Ares, umgehen von Pflanzen und Vögeln.

Gegenüber: Tizian (1488–1576): „Venus mit dem Spiegel". Tizian hat die Göttin der Liebe Aphrodite (Venus) als eine typische Renaissance-Schönheit gemalt. Auch in der späten griechischen Kunst wird Aphrodite als selbstverliebte Göttin dargestellt, der Eroten den Spiegel halten.

Aphrodite

Aphrodite, die Göttin der Liebe und des Liebreizes, gehört zu den zwölf großen olympischen Göttern. Über ihre Geburt gibt es zwei unterschiedliche Versionen: Bei Homer ist sie die Tochter des Zeus und der Okeanide Dione und Gemahlin des Hephaistos. Bei Hesiod ist sie eine „aus dem Schaum Geborene" *(aphros)*, wonach sie in vollkommener Gestalt in Paphos auf Zypern oder auf Kythera dem Meer entstiegen sein soll, „wobei junges Gras unter ihren zarten Füßen" spross. Als sich Schaum in ihrem Umkreis um die unsterbliche Haut bildete, verwandelte sie sich in eine Frau. Darum nannte man sie auch Anadyomene („die Emporgetauchte") oder Cypris („die Zyprerin"). Aphrodite hatte zahllose sterbliche und unsterbliche Geliebte. Mit dem Gott Hermes zeugte sie den schönen Sohn Hermaphroditos, in den sich leidenschaftlich die Naiade Salmakis verliebte, von ihm aber zurückgewiesen wurde. Als er aber später versehentlich in ihrer Quelle badete, umarmte sie ihn und betete zu den Göttern, dass ihre Körper für immer vereint blieben. So wurde er zu einem „Hermaphroditen", halb Mann, halb Frau, mit weiblichen Brüsten und Maßen, aber männlichen Genitalien.

Mit Ares hatte Aphrodite die Kinder Phobos („Furcht") und Deimos („Schrecken") und die Harmonia; mit dem Dionysos den phallischen Gott Priapos, und mit Anchises zeugte sie Aeneas, den Ahnherrn des römischen Kaiserreiches. Aphrodite hatte die Macht, alle Gottheiten verliebt oder lüstern zu machen, mit Ausnahme von Athene, Artemis und Hestia. Als Hera einmal wollte, dass sich Zeus ihren Reizen hingab (um den Trojanischen Krieg zu vergessen), lieh sie sich von Aphrodite einen Gürtel, der seine Trägerin unwiderstehlich machte. In den bildenden Künsten wird Aphrodite oft in Gewändern, halb oder ganz entblößt mit schneeweißen Brüsten gezeigt. Es entstanden Kunstwerke, die die Schönheit der Göttin als Kallipygos, „die mit dem schönen Gesäß", zeigten. In der Stadt Knidos an der kleinasiatischen Küste wagten es die Bewohner als Erste, eine nackte Aphrodite – die berühmte Statue des Bildhauers Praxiteles – aufzustellen. In der Renaissance erscheint sie als wunderschöne Frau mit langen Haaren und Schmuck. Oft wird sie von einer pausbackigen Erosfigur begleitet. Ihr Attribut ist der Gürtel, ihr geweiht sind Apfel, Rose, Myrte und Mohn; ihre Tiere sind die Taube, der Sperling, der Hase, die Gans und der Delfin.

Hephaistos

Hephaistos, der verkrüppelte Schmied und Metallgießer der Götter, war der Sohn der Hera, die ihn ohne Mann zeugte. Hephaistos wurde zweimal vom Olymp gestürzt. Einmal setzte sich Hephaistos so energisch für seine Mutter Hera ein, dass Zeus ihn am Bein packte und vom Himmel hinab auf die Insel Lemnos schleuderte. Dann war es Hera, die bei seiner Geburt vom Anblick ihres hässlichen Kindes so entsetzt war, dass sie, um ihre Mutterschaft zu verheimlichen, ihren Sohn in den Ozean warf, wo ihn Tethys und die Eurynome fanden und in ihrer Höhle aufzogen. Hier baute er für seine Mutter einen goldenen Zauberthron, und als Hera sich auf ihn setzte, konnte sie ihn nicht mehr verlassen, auch die Götter waren ratlos. Sie drängten ihn, auf den Olymp zu kommen, um seine Mutter zu befreien. Er weigerte sich zuerst. Dionysos griff zu einer List: Er machte ihn betrunken und schmeichelte ihm dann die Schlüssel zu der Fesselvorrichtung ab. In den bildenden Künsten wird er oft in seiner Schmiede dargestellt, häufig umgeben von anderen Gottheiten wie Apollon, Aphrodite oder Achilleus.

Unten: Peter Paul Rubens (1577–1640): Artemis und ihre Nymphen werden von Pan und seinen Satyrn angegriffen. Artemis (rechts) schleudert einen Speer gegen den faunischen Pan (links), der mit seinen Satyrn die jungfräuliche Göttin und ihre Nymphen bei ihrer Jagd belästigt.

Gegenüber: Hephaistos und Thetis. Römische Wandmalerei aus Pompeji (1. Jahrhundert n. Chr.). Thetis sitzt in der Werkstatt des Schmieds und wartet auf die neuen Waffen für ihren Sohn Achilleus. Sie prüft den Schild, in dem sich die Göttin spiegelt, während der Helm noch gehämmert wird. Thetis wird als edle und reife Frau dargestellt, während Hephaistos seine Arbeitskleidung (kurze Tunika) und Kappe trägt.

Hermes

Hermes, Sohn des Zeus und der ältesten Plejadentochter Maia, war der Bote des Zeus, der Führer der Schatten in das Reich der Unterwelt, der Beschützer der Reisenden, Glücksbringer und Schutzgottheit der Diebe und Kaufleute. Sein Geburtsort war Arkadien, wo er in einer Höhle des Berges Kyllene geboren wurde. Hermes war ein frühreifes Kind. Wenige Stunden nach seiner Geburt verließ er schon die Höhle, tötete bei dieser Gelegenheit eine Schildkröte und machte aus ihr die erste Leier, der er Saiten aus dem Darm von Kühen oder Schafen gab, die er vorher dem Gott Apollon gestohlen hatte. Dieser stellte ihn im Olymp zur Rede und verlangte als Entschädigung die Leier. Zeus bestimmte Hermes zum Götterboten, der als Einziger zwischen Olymp, Erde und Unterwelt reisen durfte. Er führte die Schatten der toten Sterblichen auf dem Weg hinab in die Unterwelt zum Fluss Styx, wo Charon sie übersetzte.

Wie Apollon hatte Hermes viele Liebesabenteuer mit sterblichen und unsterblichen Frauen, so zum Beispiel mit Aphrodite, die ihm den Hermaphroditos und die phallische Gottheit Priapos gebar. Er ist auch Vater des ewig verliebten Hirtengottes Pan, der auch Musiker war (sein Instrument war die Syrinx oder Panflöte, zu der die Nymphen und

Oben: Hermes mit dem Kind Dionysos. Die römische Marmorskulptur nach einem verloren gegangenen griechischen Original von Praxiteles (4. Jahrhundert v. Chr.) wurde im Hera-Tempel in Olympia gefunden. Hermes bringt das Kind Dionysos zu den Nymphen auf den Berg Nysa und reicht ihm ein Bündel Weintrauben (nicht mehr vorhanden).

Satyrn tanzten). Ein anderer Sohn war Daphnis. In den bildenden Künsten wird Hermes mal als bärtiger, mal als junger Mann mit geflügelter Kappe und geflügelten Schuhen dargestellt. Seine Attribute sind das Kerykeion (ein von zwei Schlangen gekrönter Heroldsstab, den er als Bote der Götter trug), ein Reisehut und zwei Flügelschuhe.

Demeter, Persephone und Hades

Demeter, die große Erdgöttin und Schützerin der Fruchtbarkeit, war eines der sechs Kinder von Kronos und Rhea. Mit Iasion zeugt sie zwei Kinder: Plutos („Reichtum") und Philomelos („Freund der Lieder"), der den Feldwagen erfand. Demeter verwandelt ihn in das Sternbild Bootes, „den Pflüger". Als Zeus von der Verbindung mit einem Sterblichen erfährt, tötet er Iasion mit einem seiner Donnerkeile. Mit Zeus hat sie die Tochter Persephone. Hades, Bruder des Zeus, verliebte sich in Persephone. Weil er aber wusste, dass sich Demeter dieser Verbindung widersetzen würde, bat er seinen Bruder Zeus, ihm zu helfen. Da Persephone ungewöhnlich schön war, versteckte sie Demeter auf ihrer Lieblingsinsel Sizilien. Als Persephone eines Tages eine Blume pflücken möchte, die Gaia listig wachsen ließ, erscheint Hades aus der Unterwelt mit seinem goldenen Wagen und raubt das junge Mädchen. Neun Tage irrt Demeter auf der Erde umher auf der Suche nach ihrer Tochter. Sie kann ihre Tochter nur unter der Bedingung zurückgewinnen, dass Persephone während der Zeit in der Unterwelt noch nichts gegessen hat. Da sie aber schon einige Granatapfelkerne verzehrt hat, trifft Zeus die Entscheidung, dass Persephone vier Monate des Jahres als Königin der Unterwelt bei Hades verbringen müsse, den Rest der Zeit aber auf Erden verweilen darf. Demeter übertrug die eleusische Priesterschaft dem Eumolpos und lieh dem Triptolemos ihren von geflügelten Schlangen gezogenen Wagen, mit dem er jedes Jahr die Saat über die Erde bringen musste.

In den bildenden Künsten wird Demeter oft mit schweren Gewändern oder Schleiertuch dargestellt. Ihre Attribute sind Getreideähren, Mohn, Fruchtkorb, Fackel und Zepter.

Gegenüber: Sir Edward Coley Burne-Jones (1833–1898): „Der Raub der Proserpina" (1883–1884). Federzeichnung mit orangefarbener und roter Kreide. Hades entsteigt der Unterwelt in einem vierspännigen Wagen. Geflügelte Figuren entführen Persephone (Proserpina) ihren Freundinnen, die sich vor Kummer die Haare raufen. Eine vielköpfige Schlange erscheint aus einer Erdspalte.

Oben: Demeter, Triptolemos und Persephone: Relief aus Eleusis (Griechenland) (40–30 v. Chr.). Demeter trägt ein Zepter und überreicht dem jungen Triptolemos Saatkörner. Persephone hält eine Fackel.

Dionysos

Dionysos oder Bakchos, der Gott des Weines und der Ekstase, war der Sohn der sterblichen Semele von Theben und des Zeus. Als die eifersüchtige Hera von der Schwangerschaft Semeles erfährt, verkleidet sie sich in deren alte Amme und bringt sie dazu, Zeus zu bitten, sich in seiner wahren Gestalt zu zeigen. Vom Glanz des Gottes wird Semele vernichtet. Bevor sie starb, befreite Zeus das ungeborene Kind, fügte sich eine tiefe Wunde in der Hüfte zu, legte das Kind hinein und nähte den Einschnitt wieder zu. Einige Monate später öffnete er ihn wieder und brachte Dionysos hervor. Hermes übergab das Kind der Nymphe Makris, später wurden die Nymphen vom Berg seine ergebensten Frauen, die Mänaden („die Rasenden"), die auf den Bergen ekstatisch mit Gesang, Tanz und Musik ihre Riten begingen, den Thyrsos (einen mit einem Pinienzapfen gekrönten Stab) trugen, in Reh- oder Pantherfelle gekleidet und mit Efeu, Eichenlaub oder Föhren bekränzt waren. Hera schlägt aus Eifersucht Dionysos mit Wahnsinn, dieser flieht zur orientalischen Gottheit Kybele, die ihn von der Krankheit befreit. Er kehrt später nach Griechenland zurück, wo er seinen Kult an zahlreichen Plätzen pflegt und beweist, dass sein Vater der Gott Zeus ist.

In den bildenden Künsten wird Dionysos häufig bärtig dargestellt, efeubekränzt und mit einem langen Gewand bekleidet. Seine Attribute sind Weinrebe, Kantharos und Trinkhorn.

Oben: Dionysos auf einem römischen Mosaik aus dem 4. Jahrhundert. Der Gott des Weines galt den Griechen auch als Wegbereiter der Zivilisation und des Gesetzes. Auf diesem Mosaik kämpft er gegen einen indischen Krieger.

Hestia

Hestia, die Göttin des Herdes und der Häuslichkeit, ist die älteste Tochter des Kronos und der Rhea. Sie blieb jungfräulich und unvermählt, obwohl sie Poseidon oder Apollon zum Gatten hätte haben können. Von den Göttern erhielt sie das Recht auf das erste und das letzte Opfer der Menschen. In den bildenden Künsten wird Hestia, die von keiner Mythologie gekannt wird, nur ausnahmsweise dargestellt.

Oben und rechts:
Trinkende Satyrn: rotfiguriger Psykter (Gefäß zum Kühlhalten von Wein) des attischen Vasenmalers Duris aus einem etruskischen Grab in Cerveteri (frühes 5. Jahrhundert v. Chr.). Der flachbauchige Psykter auf hohem, zylinderförmigem Fuß wurde verwendet, um den Wein zu kühlen oder das kühlende Eis aufzubewahren.

Griechische Malerei

Die in der klassischen griechischen Literatur genannten Meisterwerke der Tafel- und Wandmalerei sind leider verloren. Unsere Kenntnis bleibt auf Vasenmalerei, einige Ton- und Holzpinakes, bemalte Metopen (glatte oder reliefgeschmückte Tafeln zwischen den Triglyphen eines dorischen Tempels), bemalte Stelen und hellenistische Gräber beschränkt. Einen Eindruck von der griechischen Malerei vermitteln daneben noch einige römische Kopien griechischer Malerei in Wandgemälden und Fußbodenmosaiken aus den Vesuvstädten. Über die Künstler wissen wir nur wenig, aber Werke wie „Herakles und Omphale", eine römische Wandmalerei in Pompeji aus dem 1. Jahrhundert zeugen eindrucksvoll von der Größe dieser Künstler.

Links: Herakles wird den Göttern auf dem Olymp vorgestellt. Attische schwarzfigurige Oinochoe (Weinkanne) des Amasismalers, eines berühmten attischen Vasenmalers und kreativsten Meisters des schwarzfigurigen Stils (560–520 v. Chr.), der das dionysische Leben beschaulich darstellt sowie seltene Szenen aus den griechischen Heldensagen bildlich verarbeitet hat. Die Farbigkeit dieser schwarzfigurigen Vasen ist zurückhaltend: Männliche Figuren bleiben schwarz, die helle Frauenhaut wird durch Deckweiß gekennzeichnet; die Gewandpartien sind rot und violett. Die Signatur zwischen der Athene und dem Hermes lautet: „Amasis hat mich gemacht."

Auch die Malerei beruft sich auf einen legendären Ursprung. Nach Aristoteles soll die Malerei durch Eucheir, einem Verwandten des genialen Daidalos, nach Griechenland gekommen sein. Als Werkzeuge dienten den Künstlern sowohl Pinsel als auch Spachtel (Palette und Staffelei erscheinen auf antiken Darstellungen), häufig ist auch Ritzung als Vorzeichnung. Motiv und Thema lassen manchmal auf Arbeit nach Bilderrollen schließen. Als Material wurden bis in die spätarchaische Zeit überwiegend keramische Farben auf Ton verwendet. Später waren auch Temperatechnik (Wasserfarben) und unserer Ölmalerei nahestehendes Wachstemperaverfahren üblich.

Links: Athene: attische rotfigurige Amphora aus dem frühen 5. Jahrhundert v. Chr. Diese Technik gestattete dem Maler eine naturalistischere Darstellung der menschlichen Anatomie und der Kleidung. Die dreidimensionale illusionistische Erfassung des Bildraums sprengt die flächenhafte Bindung an die Amphora.

Seit der archaischen Zeit hatten die bemalten Vasen im Leben der Griechen eine große Bedeutung. Neben Zierformen gibt es auch reine Zweckformen, die auf einen bestimmten Gebrauch schließen lassen. Sie haben meist etwas mit dem Symposion zu tun, dem Trinkgelage nach dem Essen. Sie stellen Fest- oder sagenhafte Szenen dar, von denen bei diesen Gelagen gesungen wurde. Die antiken Töpfer beschäftigten eigene Vasenmaler, die ihre Vasen oft auch signierten. Wir unterscheiden in der Vasenmalerei die „schwarzfigurige" und die „rotfigurige" Malerei.

Die attische schwarzfigurige Vasenmalerei erscheint zuerst in der archaischen Periode. Sie ist eine Vierfarbenmalerei mit einem orangefarbenen Grund, schwarzem Malschlicker sowie weißer und kirschroter Deckfarbe. Die Bilder zeigen die Gefäßwand in voller Breite und Höhe überspannende Tierdarstellungen (Sphingen, Löwen, geflügelte Pferde, Sirenen). Bei der attischen rotfigurigen Vasenmalerei aus dem letzten Drittel des 6. Jahrhunderts v. Chr. heben sich die Figuren und Ornamente in braunroter Farbe vom dunkelroten Bildgrund ab.

Auf den Vasenbildern erscheinen Szenen der Totenklage, aber auch Reigen, Reiter, Wagen, Kriege und Schiffskämpfe, später Tierfriese und kunstvolle Ornamente. Sie zeigen auch Szenen aus den Heldensagen: Herakles, Theseus, der Mino-

Links: Selene und Endymion: römische Wandmalerei aus einem Haus in Pompeji (1. Jahrhundert n. Chr.). Die Römer liebten es, die Mauern ihrer Häuser mit Fresken auszugestalten, um so den Eindruck einer Kunstgalerie zu erwecken. Maler malten Kopien früherer griechischer Meister als Fresken in die Mitte der Wand, sodass der Betrachter glauben musste, ein Gemälde zu sehen. Das Haupt der Selene ist von dem Mond umgeben, während sie sich ihrem schlafenden Liebhaber Endymion nähert. Diese Fresken vermitteln uns viel über die griechische Malerei, von der nichts überkommen ist. Typisch für diese Malerei ist die „Chiaroscuro"-Technik, die von den griechischen Malern um 400 v. Chr. entwickelt wurde.

Unten: Sandro Botticelli (1445–1510): „Venus und Mars".

tauros und Apollon sind beliebte und gefragte Motive. Auf den großen Kratern (monumentale Gefäße mit Doppelhenkeln) werden die figurenreichen Heroenschlachten dargestellt, auf den Innenseiten der Schalen monumentale Bilder. Am beliebtesten aber waren dionysische Trink- und Gelageszenen. Die Vorliebe für ein bestimmtes Motiv war mehr als bloße Dekoration: Die Wahl war häufig auch Ausdruck eines politischen und sozialen Wandels in der Gesellschaft. So stand Herakles für die Tyrannen der archaischen Periode, Theseus für die Demokratie der klassischen Periode.

Die Maler der italienischen Renaissance versuchten, die klassischen Mythen wiederzubeleben, was fast unmöglich war, weil sie keine Bilder als Vorlagen hatten, sondern sich auf literarische Beschreibungen stützen mussten. Sie „kopierten" die verlorenen Bilder kraft ihrer Fantasie. Häufig tragen ihre Gestalten zeitgenössische Kleider und scheinen in eine italienische Landschaft versetzt zu sein. Der florentinische Maler Botticelli malte zahlreiche mythologische Szenen (Venus und Mars; Pallas Athene bändigt die Kentauren; Geburt der Venus), die mehr an Italien gemahnen als an Griechenland und deren mythologische Bedeutung häufig widersprüchlich ist. Obwohl dem Gemälde „Venus und Mars" eine historische Begebenheit zugrunde liegt (die Hochzeit zwischen Alexander dem Großen und der orientalischen Prinzessin Roxanne), über die der Dichter Lukian berichtet, der Maler Apelles (um 330 v. Chr.) habe ein heute verlorenes Bild von der Hochzeit gemalt, haben es die Zeitgenossen Botticellis „Venus und Mars" genannt, aber es ist unklar, ob der Maler selbst sein Bild wirklich so verstanden wissen wollte.

KAPITEL DREI

Heroen in der griechischen Mythologie

Neben den legendären Kriegern aus den homerischen Heldengesängen, die am Kampf um Troja teilnahmen, gibt es weitere Heroen, um die sich umfangreiche Legenden ranken. Alle verfügten über übermenschliche Stärke, befreiten die Welt von schrecklichen Ungeheuern und waren in zahllose Liebesgeschichten verwickelt. Zu diesen Heroen gehörten auch Herakles und Theseus, die in der Kunst immer wieder gegenübergestellt wurden. Herakles verließ sich schon als Kind allein auf seine unglaubliche Kraft. Nach seinem Tod wurde er zum Gott erhoben. Theseus war der gebildete und zivilisierte Gegenpol von Herakles und wurde der Held der attischen Demokratie im 5. Jahrhundert v. Chr. Wie Herakles vollbrachte er übermenschliche Heldentaten, aber auf subtilere, geschicktere Art als Herakles. In den bildenden Künsten wird Theseus mit kurzen Haaren und glatt rasiert dargestellt, während Herakles leicht an seiner Löwenmähne und seinem Bart zu erkennen ist.

Perseus, was im Griechischen so viel heißt wie Schlächter oder Zerstörer, verkörpert wie Herakles die frühere, gewalttätigere Zeit der griechischen Mythologie. In den bildenden Künsten wird Perseus gewöhnlich mit Flügelschuhen und einer magischen Kappe dargestellt.

Gegenüber: Attische rotfigurige Schale aus dem 5. Jahrhundert v. Chr. Athene gibt Herakles, der hier das Löwenfell des Nemeischen Löwen trägt, zu trinken. Die erste von zwölf Aufgaben, die Eurystheus Herakles auftrug, war die Tötung und Häutung des Nemeischen Löwen. Das Raubtier, dessen Fell so dick war, dass es mit Waffen nicht erlegt werden konnte, hatte das Umland von Nemea in Angst und Schrecken versetzt. Nachdem Herakles vergeblich versuchte, das Tier zu häuten, kam ihm Athene in Gestalt eines alten Weibes zu Hilfe. Sie zeigte ihm, wie das Ungeheuer zu häuten war, nämlich mit den eigenen Klauen. So erledigte Herakles seine erste Aufgabe mit einem kleinen Hinweis der Göttin.

Rechts: Herakles im Garten der Hesperiden: römische Wandmalerei aus einem Landhaus in Oplontis (1. Jahrhundert n. Chr.). Ein sonnengebräunter Herakles trägt seine Keule und betrachtet die goldenen Äpfel. Der einzigartige Baum wird durch ein Band gekennzeichnet.

Herakles

Das königliche Herrscherpaar von Mykene, Perseus und Andromeda, hatte sechs Söhne: Alkaios, Elektryon, Sthenelos, Heleios, Mestor und Perses. Alkaios heiratete Astydameia und zeugte mit ihr Amphitryon und Anaxo. Amphitryon heiratete seine Kusine Alkmene, die Tochter seines Onkels Elektryon. Als Amphitryon versehentlich seinen Schwiegervater tötete, wurde er zusammen mit Alkmene von seinem Onkel Sthenelos wegen Mordes verbannt. Amphitryon musste mit Alkmene nach Theben fliehen, wo König Kreon ihn von aller Schuld reinigte. Bevor Amphitryon nicht den Tod von Alkmenes Brüdern gerächt hatte, die von Piraten getötet worden waren, verweigerte sie ihrem Gatten seine Eherechte. Dieser bat Kreon um Hilfe, die er unter der Bedingung zusagte, dass Amphitryon Theben von einer Plage befreie. Nach erfolgreich vollbrachter Tat kehrte Amphitryon nach Theben zurück und wunderte sich, dass Alkmene bei seinem Anblick nicht erstaunt war und behauptete, dass sie die Ehe vollzogen hätten. Amphitryon fragte Teiresias, der in Theben lebte, um Rat, und der alte Seher berichtete ihm, dass Zeus, als Amphitryon verkleidet, die Nacht mit Alkmene verbracht hatte. Diese Nacht dauerte die Zeit von drei Nächten, so viel Zeit war nötig, um einen gewaltigen Helden zu zeugen. Amphitryon verzieh seiner Gemahlin.

Alkmene war mit den Zwillingen Herakles und Iphikles schwanger, doch nur der schwächliche Iphikles war Amphitryons Sohn. Im Olymp brüstete sich Zeus, dass bald ein von ihm gezeugter sterblicher Herrscher geboren werde. Die eifersüchtige Hera schickte Eileithyia, die Göttin der Geburt, zu Alkmene, um die Geburt zu verhindern. Als dies misslang, schickte Hera zwei Schlangen zu den Zwillingen. Iphikles schrie ängstlich bei ihrem Anblick auf, aber zur großen Verwunderung aller ergriff Herakles die Schlangen mit der Hand und erwürgte sie. Jetzt war kein Zweifel mehr möglich, dass Herakles der Sohn des Zeus war.

Herakles erhielt eine hervorragende Erziehung: Sein Stiefvater Amphitryon unterwies ihn im Umgang mit Pferden und im Wagenlenken, Eurytos im Bogenschießen, Autolykos im Ringkampf, Polydeukes im Fechten, Linos in der Kunst der Leier. Da er in dieser Kunst ein schlechter Schüler war und sein Lehrer ihn einmal deswegen bestrafen wollte, nahm Herakles wütend die Leier und schlug seinem Lehrer damit den Schädel ein. Er wurde des Mordes angeklagt, aber das Gericht urteilte auf Selbstverteidigung.

Amphitryon verbannte seinen gewalttätigen Sohn aus der Stadt Theben und schickte ihn auf den Berg Kithairon bei Theben, wo er die Tiere seines Stiefvaters hüten sollte. Dort wuchs Herakles zu einem starken Jüngling heran, der am liebsten mit dem Bogen schoss, den Ringkampf und den Speersport pflegte. Als er siebzehn war, erledigte er mit einer Hand einen gewaltigen Löwen, der die Tiere seines Stiefvaters und des Königs Thespios getötet hatte. Dieser hatte den tapferen jungen Mann schon vorher einige Male bei sich bewirtet und ihm jede seiner fünfzig Töchter ins Bett geschickt. Herakles, der vom Wein, den ihm der schlaue König eingeschenkt hatte, ganz betört war, behauptete später, nur mit einer seiner Töchter geschlafen zu haben, diese aber fünfzigmal besessen zu haben. Nachdem Herakles den Löwen von Lithairon getötet hatte, machte er sich auf den Heimweg nach Theben und stieß dabei auf die Boten des Erginos, des Königs der Minyer im böotischen Orchomenos, die in Theben den jährlichen Tribut von hundert Stück Vieh für zwanzig Jahre erheben wollten. Rasend vor Wut über diese Demütigung, packte Herakles die Herolde und schnitt ihnen Nasen und Ohren ab, hängte sie ihnen um den Hals und schickte sie so wieder zu ihrem Herrn Erginos zurück.

Dann kehrte er nach Theben zurück, das in der Zwischenzeit von Erginos überfallen worden war. Mit göttlicher Unterstützung besiegte Herakles Erginos. Voller Dankbarkeit gab König Kreon ihm seine Tochter Megara, die dem Herakles drei Kinder gebar.

Als Herakles einige Jahre später nach Theben zurückkehrte, war König Kreon in der Zwischenzeit gestorben, und Lykos, den man verdächtigte, Kreon ermordet zu haben, hatte den Thron an sich gerissen. Herakles tötete zuerst Lykos, und dann, in einem Anfall von Wahnsinn, mit dem ihn die noch immer eifersüchtige Hera geschlagen hatte, tötete er seine drei Söhne und seine Gemahlin Megara. Als Herakles begriff, was er getan hatte, verließ er Theben und machte sich auf zum Orakel von Delphi, um Rat bei der klugen Pythia zu suchen. Das Delphische Orakel befahl ihm als Buße die Knechtschaft bei König Eurystheus, dem Sohn des Sthenelos und der Nikippe, der in Tiryns herrschte. Dort sollte er nach Anweisungen des Königs bestimmte, außerordentlich schwierige Aufgaben übernehmen. Der König verlangte von Herakles zwölf Arbeiten, um Heras Zorn zu besänftigen, was eine enorme Demütigung für Herakles bedeutete, denn der König galt allgemein als ein großer

Schwächling. Die delphische Priesterin hatte ihm auch Unsterblichkeit verheißen, wenn er die Aufgaben vollbrächte.

I. Der Nemeische Löwe

Als Herakles vor dem Thron seines Rivalen Eurystheus in Tiryns erschien und um die erste Arbeit nachfragte, musste er auf Geheiß des Königs den Nemeischen Löwen besiegen, jenes unverwundbare Geschöpf, das von Selene, der Göttin des Mondes, gesäugt worden war und ein Geschöpf des Orthros und der Echidne (halb Schlange, halb Frau) gewesen sein soll. Dieses Ungeheuer hatte das ganze Land in Angst und Schrecken versetzt. Als Herakles in die kleine Stadt Kleonai am Rand der Wälder von Nemea gelangte, verbrachte er die Nacht in der Hütte des armen Bauern und Tagelöhners Molorchos. Als dieser hörte, was Herakles beabsichtigte, war er bereit, ihm als Gott einen Widder zu opfern. Herakles wollte das Angebot nicht annehmen und befahl ihm, einen Monat zu warten. Wenn er dann nicht zurückgekehrt sei, sollte er dem Helden Herakles seinen Widder opfern, im Falle des Triumphes aber dem Retter Zeus.

Molorchos zeigte ihm am nächsten Morgen den Weg und wünschte ihm viel Glück. Nach fünfzehn Tagen kam Herak-

Oben: Herakles und der Nemeische Löwe: schwarzfigurige Oinochoe (Weinkrug) aus dem späten 6. Jahrhundert v. Chr. Herakles hat seinen Köcher und Bogen an einen Baum gehängt, als er mit dem Löwen ringt.

les in die Nähe des Löwen, der in einer Höhle mit zwei Eingängen hauste und sich gerade vom Fressen ausruhte. Herakles nahm seinen Bogen und beschoss ihn aus dem Hinterhalt mit lautlosen Pfeilen, die ihm Gott Apollon geschenkt hatte, die aber an der Flanke des Löwen abprallten. Der furchtbare Löwe, der doppelt so groß war wie jener, den er am Berg Kithairon mit seinen Händen erwürgt hatte, stürzte sich wütend auf Herakles, der es gewagt hatte, ihn zu stören.

Als dieser das herrliche Ungeheuer sah, sagte er sich, dass es besser sei, das unverwundbare Fell des Löwen als warmen und leichten Kriegsmantel zu tragen. Als Zeus dies im Olymp hörte, schickte er die Kriegsgöttin Athene auf die Erde, um seinem Sohn beizustehen. Ohne zu wissen, wer ihm bei dieser Heldentat half, griff Herakles den Löwen mit bloßen Händen an, erwürgte ihn und zertrümmerte ihm mit seiner Olivenholzkeule den Schädel. Dann häutete er das Tier und trug seitdem das Fell.

Molorchos wollte schon dem Heros Herakles seinen Widder opfern, als dieser lebend vor ihm erschien. Molorchos rühmte den Gott der Blitze und des Donners. Von nun an konnten er und die anderen Bauern und Tagelöhner in der Gegend ohne Furcht vor dem schrecklichen Löwen auf den Feldern arbeiten. Der schwächliche König Eurystheus war über die unglaubliche Heldentat des Herakles derart erschrocken, dass er ihm verbot, mit seiner Beute die Burg zu betreten, so sehr versetzte ihn der Anblick des riesigen Ungeheuers in Furcht. Als Herakles den König auslachte, drohte ihm dieser mit einer noch schwierigeren Arbeit.

Nach der Ausführung eines jeden Befehls musste er nach Tiryns zurückkehren, um einen neuen Auftrag zu empfangen. Zeus aber verewigte das Untier, um seinen Sohn zu ehren, als Zeichen am Himmel: Es wurde zum Löwen im Tierkreis.

II. Die Schlange von Lerna

Die Hydra, eine vielköpfige Wasserschlange mit Hundekörper, war, wie der Nemeische Löwe, eine Brut der Schlangengöttin Echidne und des hundertköpfigen Schlangenungeheuers Typhon. König Eurystheus hatte die nächste Aufgabe mit hinterhältiger Absicht gewählt, denn er war sich sicher, dass die Schlange den Tod des Nemeischen Löwen rächen würde.

Herakles verließ, geschützt durch das Fell des Löwen, zum zweiten Mal die Stadt. Eurystheus rief ihm von der Stadtmauer aus zu, von nun an seine Trophäen vor den Toren der Stadt liegen zu lassen und nur noch indirekt durch den Boten Kopreus mit ihm zu verkehren. Herakles machte sich in seinem Streitwagen auf den Weg nach Lerna, begleitet von seinem Neffen und Wagenlenker Iolaos, dem Sohn des Iphikles und der Automedusa, der Tochter des Alkathoos.

Die Hydra lebte in einem Nest bei der Quelle des Flusses Amymone, in den Sümpfen von Lerna bei Argos. Dort war das Reich der Unterwelt. Der Wächter des Eingangs zum Totenreich war die Schlange Hydra. Als Verbündeten hatte sie eine Riesenkrabbe, die Hera dort hingesetzt hatte, um Herakles ins Verderben zu stürzen. Als Herakles und sein Neffe vor der Höhle der Hydra erschienen, schoss Herakles mit feurigen Pfeilen in die Höhle und zwang das vielköpfige Ungeheuer, sich ihm zu zeigen. Kaum hatte sie ihre Höhle verlassen, packte Herakles die Schlange, die sofort seinen Fuß umschlang. Die Riesenkrabbe kam der Schlange zu Hilfe und biss Herakles in den Fuß. Als er sie mit dem Schwert töten wollte, rief er seinen Neffen Iolaos zu Hilfe, der die Halsstümpfe mit Feuer ausbrennen musste. Denn sobald er ein Haupt abgeschlagen hatte, wuchsen sofort zwei neue nach. Mit dieser List gelang es Herakles, der Hydra ihr unverwundbares Haupt abzuschlagen. Dieses begrub er unter einem Felsen an der Straße von Lerna nach Elaios. Dann zerschnitt er den Leib des Ungeheuers und entnahm ihm das tödliche Gift, um seine Pfeile damit zu vergiften. Für diese Heldentat setzte Zeus die Riesenkrabbe als Zeichen im Tierkreis neben den Nemeischen Löwen an den Himmel. Als der siegreiche Herakles im Triumphzug nach Tiryns zurückkehrte, wurde ihm diese Heldentat nicht angerechnet, da er sich der Hilfe eines anderen bedient hatte.

III. Die Keryneische Hirschkuh

Im dritten Auftrag des Eurystheus sollte Herakles die Hirschkuh mit dem goldenen Geweih lebendig oder tot nach Tiryns bringen. Eine unlösbare Aufgabe, denn die Hirschkuh war der Artemis heilig, die sie als eine von vier Hirschkühen zum Ziehen ihres Wagens gefangen hatte. Ihre Weide waren das ganze wilde Arkadien und die Berge der Artemis in der Nähe von Argos. Die Hirschkuh floh vor Herakles durch ganz Arkadien. Da dieser das Tier weder töten noch verwunden wollte, verfolgte er sie ein ganzes Jahr lang. Schließlich gelang es ihm, sie mit einem Netz zu fangen. Als er sie davontragen wollte, begegnete ihm das göttliche Ge-

Unten: Herakles und die Hydra: attischer rotfiguriger Stamnos (Weingefäß mit kurzem Hals und horizontalen Henkeln) des Syleusmalers (frühes 5. Jahrhundert v. Chr.). Herakles hat seine Keule beiseite gelegt, um die Köpfe der Schlangen mit dem Schwert abzuschlagen, während sein Gefährte Iolaos die offenen Stümpfe mit einer Fackel ausbrennt.

Gegenüber: Herakles und Athene reinigen die Ställe des Augias. Metope vom Zeus-Tempel in Olympia (um 460 v. Chr.). Athene zeigt dem Herakles, wo er den Fluss in den Stall einleiten kann. Ursprünglich schmückten zwölf Metopen mit der Darstellung der zwölf Heldentaten des Herakles den Tempel in Olympia: In gewaltiger Schräge öffnet der griechische Heros mit einer Brechstange die Stallwand, um den Fluss hereinzulassen, der den Unrat des Stalles wegspülen soll. Athene unterstützt ihn mit gebieterischer Gebärde ihrer schräg geführten Lanze.

Links: Herakles mit dem Erymanthischen Eber. Attische schwarzfigurige Amphora aus der Mitte des 6. Jahrhunderts v. Chr. Herakles schleudert den Eber in den Bronzekrug, in den sich König Eurystheus aus Angst verkrochen hat.

schwisterpaar Apollon und Artemis, die ihm große Vorwürfe machten und die Herausgabe der Hirschkuh forderten. Als ihnen Herakles von seiner Aufgabe erzählte und somit Eurystheus die Schuld gab, durfte er das Tier unter der Bedingung mitnehmen, es später in Tiryns freizulassen.

IV. Der Erymanthische Eber

Um ihn zu ermüden, schickte der hinterlistige König Eurystheus den Helden nach Arkadien, wo er einen riesigen Eber fangen sollte, der auf dem Berg Erymanthos hauste und die Bewohner von Psophis heimsuchte. Auf der Suche nach dem Eber wurde Herakles vom Kentauren Pholos, der auf dem Berg Pholoe wohnte, gastfreundlich aufgenommen und mit Wein bewirtet. Angelockt vom schweren und ungewohnten Duft des Weines, kamen immer mehr Kentauren in die Höhle des Pholos. Als Herakles von seinem Kampf mit der Hydra berichtete, wollte Pholos unbedingt die vergifteten Pfeile sehen. Als er seinen Fuß mit einem Pfeil ritzt, stirbt er auf der Stelle. Herakles stöberte den Eber durch lautes Rufen auf, trieb ihn in den tiefen Schnee, wo er ihn mit seinem Netz einfing. Dann trug er ihn trotz des strengen Verbotes zu König Eurystheus, der so entsetzt war, dass er in einen Bronzekrug sprang und sich dort versteckte.

V. Die Reinigung der Augiasställe

Nach der vierten Aufgabe schloss sich Herakles Jasons Zug nach dem Goldenen Vlies an, denn die Aufgaben begannen, ihn zu ermüden. Als er nach Tiryns zurückkehrte, stellte ihm Eurystheus die fünfte Aufgabe: die Reinigung der Augiasställe.

Augias war ein Sohn des Sonnengottes Helios und besaß riesige Viehherden, die er in seinem Reich Elis weiden ließ. Die Ställe waren so verschmutzt, dass sie unbrauchbar waren. Herakles sollte sie an einem einzigen Tag reinigen. Für diese Arbeit verlangte Herakles ein Zehntel der Herde. Herakles schlug nun Löcher in die Grundmauern der Stallungen und leitete die Flüsse Alpheios und Peneios hindurch. Nachdem die Arbeit getan war, lenkte er die Flüsse zurück und verschloss noch vor Einbruch der Nacht die Löcher. Augias verweigerte Herakles den versprochenen zehnten Teil der Arbeit, da er im Auftrag von Eurystheus gearbeitet hatte, und dieser wollte die Arbeit nicht anerkennen, da Herakles Bezahlung verlangt hatte.

VI. Die Stymphalischen Vögel

Eurystheus schickte Herakles zurück nach Arkadien, wo er die Vögel vertreiben sollte, die die Waldsäume am Sumpfsee Stymphalos unsicher machten und die Ernte vernichteten. Ihre Federn sollen so scharf gewesen sein, dass derjenige starke Verletzungen erlitt, der sie berührte. Herakles bestieg eine Erhebung am Sumpfrand, von wo aus er einen guten

Unten: Herakles und die Stymphalischen Vögel. Attische schwarzfigurige Amphora aus der Mitte des 6. Jahrhunderts v. Chr. Herakles tötet hier mit einer Schleuder die Vögel. Einige Vögel fallen vom Himmel, während andere majestätisch auf den Boden gleiten. Der Maler hat mit einfühlsamer Farbwahl die Farben der exotischen Vögel wiedergegeben.

Überblick über den See hatte, und vertrieb die Vögel mit viel Lärm und mithilfe einer bronzenen Klapper. Dann tötete er viele von ihnen mit seinen vergifteten Pfeilen. Die Vögel, die er nicht abgeschossen hatte, kehrten nie mehr an den See zurück.

VII. Der Kretische Stier

Eurystheus schickte Herakles nun nach Kreta. Von dort sollte er den Stier, den König Minos seinen Herden einverleibt hatte, anstatt ihn dem Poseidon zu opfern, lebendig nach Tiryns bringen. Bei dieser Aufgabe stellte sich König Minos nicht gegen Herakles, denn der Stier hatte ihm schon viel Ärger eingebracht, und außerdem war er sehr gefährlich. Seine Frau Pasiphaë, Tochter des Sonnengottes Helios und der Okeanide Perseïs, verfiel diesem Stier leidenschaftlich – Poseidons Rache für ihren Mann, der es versäumt hatte, ihm diesen Stier zu opfern. Der Bildhauer Daidalos baute ihr eine hölzerne Kuh, in der sie sich verbergen und sich mit dem Stier paaren konnte. So gebar sie dem Stier den Minotauros, eine Missgeburt, halb Stier, halb Mensch. Der König Minos schämte sich so sehr über diese Missgeburt, dass er den genialen Bildhauer Daidalos beauftragte, für den Minotauros ein Labyrinth zu bauen, wo er ihn verstecken konnte, ein Gewirr unterirdischer Gänge, das so konstruiert war, dass niemand, der es einmal betreten hatte, auch wieder hinausfand.

Auch diese Aufgabe erfüllte Herakles, und er brachte den Stier lebend nach Tiryns. Dort befreite sich eines Abends der Minotauros und lief dann bis nach Marathon, wo ihn Theseus wieder einfing und ihn schließlich Apollon opferte.

VIII. Die Stuten des Diomedes

Eurystheus hatte gehört, dass in Thrazien vier Rosse leben sollten, die dem bösen Diomedes, Sohn des Area und der Nymphe Kyrene und König der thrakischen Bistonen, gehörten. Diese Rosse fraßen Menschenfleisch. Auch diesmal war Herakles nicht allein: Mit ihm reiste Abderos, der Sohn des Hermes. Da er ihn liebte, bestimmte er ihn zu seinem Waffenträger. Auf dem Weg durch Thessalien wurde Herakles von König Admetos von Pherai gastfreundlich aufgenommen. Dann trieb er die Stuten bis ans Meer, wo er sie auf ein Schiff bringen wollte. Die Bistonen, von Diomedes alarmiert, überfielen ihn, mussten sich am Ende aber Herakles geschlagen geben. Sein Freund Abderos, der sich um die Pferde kümmern sollte, wurde von diesen verschlungen. Zu seinem Gedächtnis gründete Herakles die Stadt Abdera in Thrazien. Vor Wut und Trauer über den Tod seines Freundes verfütterte Herakles den Leichnam von König Diomedes an die Pferde. Die Stuten erreichten schließlich Tiryns, wo sie König Eurystheus befreite. Als sie sich auf den Rückweg machten, wurden sie von wilden Wölfen an den Hängen des Berges Olymp verschlungen.

IX. Der Gürtel der Amazonen

Die nächste Arbeit wurde zu einem romantischen Abenteuer. Weil Admete, die Tochter des Eurystheus, als Kind viel von den kriegerischen Amazonen gehört hatte, schickte ihr Vater Herakles in das kleinasiatische Land Pontos am Schwarzen Meer, wo die Amazonen am Fluss Thermodon wohnten. Von dort sollte er ihr den juwelengeschmückten Gürtel der Hippolyte, der Königin der Amazonen und Tochter des Ares, bringen. Herakles brach mit einer Schar von Gefährten, darunter Theseus und Telamon, ins Land der Kriegerinnen auf und segelte, unterbrochen von gefährlichen Abenteuern, in das Land der Amazonen. In der Hauptstadt Themiskyra wurden sie von der Königin freundlich empfangen. Da sie Gefallen an dem griechischen Helden fand, schenkte sie Herakles ihren kostbaren Gürtel ohne Zögern. Doch Hera war wütend, dass Herakles einen so leichten Sieg davontragen sollte. Sie verkleidete sich in eine Amazone und erzählte den anderen, dass die Griechen ihre Königin entführen wollten. Daraufhin tötete Herakles die Amazonenkönigin, nahm ihr den Gürtel ab und segelte davon. Theseus, der sich in Antiope, der Schwester von Hippolyte, verliebt hatte, nahm diese mit nach Athen.

X. Die Rinder des Geryoneus

Herakles übergab den Gürtel König Eurystheus, der ihn seiner überglücklichen Tochter schenkte. Für die restlichen drei Arbeiten musste Herakles die Enden der Welt und sogar die Unterwelt aufsuchen. Der Gedanke, dass Herakles auch diese erfolgreich beenden und somit Herrscher von Tiryns würde, erfüllte Eurystheus mit Schrecken. Bei seiner zehnten Aufgabe sollte Herakles die purpurrote Rinderherde des dreiköpfigen Ungeheuers Geryoneus rauben, die auf der sagenhaften Insel Erytheia weidete. Geryoneus, Sohn des Chrysaor und der Okeanide Kallirhoë, herrschte im westlichen Ozean weit hinter der Straße von Gibraltar. Seine riesige Rinderherde bewachte ein Hirte namens Eurythion und dessen zweiköpfiger Hund Orthros, Sohn der Echidne und des Typhon. Seine Reise führte Herakles durch die Länder Nordafrikas. Beim Passieren der Straße von Gibraltar errichtete er die „Säulen des Herakles", die Vorgebirge Abila auf der afrikanischen und Calpe auf der europäischen Seite. Dann wanderte er westwärts dem Okeanos (ein breiter Sagenstrom, der sich um die Erdscheibe schlang) entgegen. Weil es ihm schrecklich heiß wurde, zielte er mit dem Bogen nach dem Sonnengott Helios. Der göttliche Wagenlenker be-

Unten: Herakles in der Sonnenschale. Attischer rotfiguriger Weinbecher aus dem frühen 5. Jahrhundert v. Chr. War der Becher gefüllt, schien Herakles im Wein zu schwimmen. Das Meer ist durch Tintenfische und andere Fische angedeutet.

wunderte die Kühnheit und den Mut des Herakles. Und da er in guter Stimmung war, lieh er dem Herakles die große goldene Schale, in der er jede Nacht nach Osten zurückkehren konnte. Auf dieser Schale fuhr Herakles auf dem Okeanos, bis er nach Erytheia, der „Rotinsel", kam. Dort setzte er sich in den Stallungen auf dem Berg Abas fest und erschlug den Wachhund Orthros und den Viehhirten Eurythion. Dann trieb er das Vieh auf die goldene Schale.

Der Hirte Menoites, der die goldene Schale gesehen hatte, meldete den Diebstahl Geryoneus, der sich mit seinen Truppen sofort auf die Verfolgung machte. Am Fluss Anthemos kam es zum Kampf: Herakles streckte das Ungeheuer mit drei Pfeilschüssen nieder: ein Pfeil für jeden Leib.

Dann segelte Herakles auf der goldenen Schale des Helios nach Tartessos in Südspanien, wo er dem Sonnengott die Schale zurückgab und seinen Weg zu Fuß fortsetzte.

An der ligurischen Küste versuchten zwei Söhne des Poseidon, die Rinder dem Herakles zu rauben und ihn zu erschlagen. Als dem Helden die Pfeile ausgingen, kam ihm Zeus zu Hilfe und ließ einen Steinhagel auf die Ligurer fallen. Und auch Herakles bombardierte die Diebe mit Steinen. Das sind die Felsblöcke, die heute noch in Marseille zu sehen sind. Herakles trieb die Herde weiter bis zur Stelle am Tiber, wo sich später Rom erheben sollte. Dort lauerte ihm das Feuer speiende Monstrum Kakos in seiner Höhle auf, der Sohn des Vulkanos, der sich von Menschenfleisch ernährte, aber auch Kühe und Rinder nicht verschmähte. Nachdem sich Herakles in der Nähe der Höhle zum Schlafen niedergelegt hatte, packte Kakos einige Tiere beim Schwanz und zog sie rückwärts in seine Höhle.

Am nächsten Morgen suchte Herakles vergeblich nach den Tieren. Er wollte schon weiterziehen, als er das Brüllen der Tiere in der Höhle hörte. Wutentbrannt stürzte er sich auf Kakos, der die Höhle mit einem riesigen Felsen verschloss, den selbst Herakles nicht bewegen konnte. Zornig schob er die Spitze des Berges beiseite, stieg in die Höhle und erwürgte den Feuer speienden Kakos. Die Heldentaten des Herakles verbreiteten sich in Windeseile in ganz Italien. In der lieblichen Gegend unterhalb des Vulkans gründete er die Stadt Herkulaneum, die viele Jahrhunderte später bei einem Vulkanausbruch zerstört werden sollte.

An der Südspitze Italiens erwartete ihn die zornige Hera, die bewirkte, dass sich ein Jungstier von der Herde losriss und bis nach Sizilien schwamm. Daraufhin überquerte Herakles die Meerenge, vorher hatte er aber noch die Herde in die Obhut des Hephaistos übergeben, der seine Schmiede am Berg Ätna hatte. Als der Stier an Land geschwommen war, nahm ihn König Eryx, Sohn der Aphrodite und des Poseidon, der in der Stadt Eryx lebte, in seine eigene Herde auf und wollte den Stier erst nach einem Ringkampf mit Herakles wieder freigeben. Es kam zum mächtigen Kampf, bei dem Herakles den König dreimal besiegte. Noch heute erinnern die Stadt Erice (Eryx) und der Berg gleichen Namens an den König.

Nach weiteren Abenteuern gelangte Herakles mit der Herde nach Tiryns, wo man ihn schon längst aufgegeben hatte. Die Rinder wurden dann der Hera geopfert.

XI. Die goldenen Äpfel der Hesperiden

Als Hera Zeus heiratete, bekam sie kostbare Geschenke von den Göttern, Giganten und Sterblichen. Ihr Lieblingsgeschenk aber waren die goldenen Äpfel der Hesperiden – ein Geschenk der Gaia an Hera –, die in einem Garten am Rande der Welt wuchsen und von den sieben Hesperiden und dem hundertköpfigen Drachen Ladon, der nie die Augen schloss, bewacht wurden. Dieses Ungeheuer war eine Frucht des Typhon und der Echidne.

Herakles hatte die Aufgabe diese Äpfel zu stehlen. Da er nicht wusste, wo sich der zauberhafte Garten befand, fragte er die Nymphen des Flusses Eridanos, die ihm berichteten, dass Nereus, der alte Mann des Meeres, ihm weiterhelfen könnte. Dieser konnte sich in fantastische Tiere, Schlangen, Wasser und Feuer verwandeln, aber Herakles spürte ihn auf und bezwang ihn nach hartem Kampf.

Die Meeresgottheit zeigte ihm die Richtung, wo der Garten liegen sollte: Die Hesperiden Aigle, Erytheia, Arethusa, Hestia, Hespera, Hesperusa und Hesperia, Töchter des Atlas und der Pleione, lebten im äußersten Westen.

Auf dem Wege dorthin bestand Herakles eine Reihe kleinerer Abenteuer: Er tötete den Adler, der den gefesselten Prometheus quälte, und befreite ihn von seinen Ketten; er tötete König Busiris, den König von Ägypten, Sohn des Poseidon und der Lysianassa. Nach einer neunjährigen Dürreperiode führte der König auf Rat eines Wahrsagers den grausamen Brauch ein, alle Fremden, die sein Reich betraten, dem Zeus zu opfern, um ihn zu besänftigen.

Auch Herakles wurde gefangen und gefesselt, er sollte ebenfalls geopfert werden. Als er schon auf dem Altar lag,

Links: Herakles kämpft mit Antaios: attischer rotfiguriger Kelchkrater (Weinmischgefäß) des Vasenmalers Euphronios (tätig um 515–500 v. Chr.). Seine neuartigen Bildkompositionen beschränken sich in der Regel auf wenige groß angelegte, plastisch-monumentale Figuren.

Unten: Herakles und Busiris. Attische rotfigurige Pelike (Weinkanne) des Panmalers (tätig um 480–460 v. Chr.). Der Held schleudert Busiris auf den Altar, auf dem er selbst geopfert werden sollte. Die Ägypter werden mit negroiden Merkmalen dargestellt.

erkannte ihn sein Vater Zeus. Herakles sprengte die Fesseln entzwei und brachte König Busiris, seinen Sohn und seinen ganzen Hofstaat nach kurzem Kampf um. Von Ägypten zog er nach Libyen, wo er mit dem riesigen Antaios, dem Sohn der Gaia und des Poseidon, kämpfte. Antaios forderte alle Fremden auf, mit ihm zu kämpfen. Er galt als unbesiegbar, denn die Berührung mit der Erde verlieh ihm stets neue Kraft. Mit einer List besiegte Herakles den gewaltigen Riesen: Er hob Antaios in die Luft und erdrückte ihn.

Endlich erblickte Herakles von Weitem die blaue Linie des Atlasgebirges. Dort lebte der hinterlistige und schlaue Titan Atlas, Sohn des Iapetos und der Okeanide Klymene, dessen Aufgabe es war, die Himmelsachse zu tragen. Dem Titanen war geweissagt worden, dass eines Tages ein Sohn des Zeus kommen und die goldenen Äpfel stehlen würde. Als Herakles dem Titan seine Aufgabe schildert, willigt der schlaue Atlas ein, für Herakles die Äpfel zu stehlen, stellte aber zur Bedingung, dass Herakles unterdessen den Himmel an seiner Statt tragen sollte. Atlas stahl die goldenen Äpfel, und als er wiederkam, machte er Herakles den Vorschlag, sie selbst König Eurystheus nach Tiryns zu bringen. Der hinterlistige Atlas hoffte, so Herakles mit der Last des Himmelsgewölbes beauftragen zu können. Dieser willigte ein, erbat sich aber

Oben: Athene, Herakles und Atlas mit den goldenen Äpfeln der Hesperiden. Metope vom Zeus-Tempel in Olympia (um 460 v. Chr.). Der Künstler zeigt den Heros beim Tragen des Himmels. Athene reicht ihm hilfreich die Hand. Diese Metope gehörte zu den zwölf Metopen, die den Tempel schmückten: Sechs davon waren an der Ostseite der Cella und sechs an der Westseite der Cella angebracht.

vom Titanen eine kleine Gunst: Weil ihn die Last der Säulen schmerzte, wollte er das Gewicht auf den Schultern noch zurechtrücken. Atlas möge doch den Himmel für einen kurzen Augenblick tragen. Dieser stellte die goldenen Äpfel auf den Boden und folgte der Bitte. Herakles nahm rasch die Äpfel und machte sich unverzüglich auf den Weg nach Tiryns.

Als Eurystheus die herrlichen goldenen Äpfel der Hesperiden sah, gab er sie sogleich dem siegreichen Herakles zurück, da sie ihm zu heilig waren, um sie zu behalten. Athene nahm die Äpfel an sich und brachte sie in den Garten zurück.

XII. Der Hund des Hades

Mit der zwölften Aufgabe musste König Eurystheus seinen Feind Herakles unbedingt loswerden. Auch gab es auf der Erde keine Riesen oder Untiere mehr, die der Heros nicht besiegt hatte. „Warum schicke ich ihn nicht in die Unterwelt“, sagte sich Eurystheus. „Vielleicht kann ihn der dreiköpfige Kerberos, der Höllenhund, gezeugt von Typhon und Echidne, Bruder der Hydra und der Chimäre, besiegen.“ Kerberos hatte den Schwanz einer Schlange, und aus seinem Rücken entspross eine Reihe von Schlangenköpfen. Seine Aufgabe war es, jeden zu verschlingen, der aus dem Reich des Hades zu entkommen suchte. Der Höllenhund war so schrecklich anzusehen, dass jeder Mensch, der ihn erblickte, sofort zu Stein erstarrte. Der feige Eurystheus dachte auch daran, dass der Höllenhund eine ungeheure Wut auf Herakles haben musste, denn dieser hatte seine Geschwister getötet: den Nemeischen Löwen, die Hydra und den zweiköpfigen Höllenhund Orthros.

Eurystheus befahl dem Heros als letzte Aufgabe, den Kerberos herbeizuschaffen. Um in die Unterwelt zu gelangen, ließ sich Herakles durch Eumolpos, Sohn des Poseidon und der Chione, in die Eleusinischen Mysterien einweihen. Da er aber schon zu viele Feinde besiegt hatte, besonders die Kentauren, musste er entsühnt werden. Erst dann konnte er den Weg in das Reich der Schatten antreten. Er suchte in der südlichen Peloponnes Hermes und Athene auf, die ihn in den Hades geleiteten. Als sie an den Fluss Styx kamen, war Charon, der Fährmann, so entsetzt über Herakles, dass er ihn hastig ans andere Ufer brachte (für dieses Vergehen ließ Hades den Fährmann für ein Jahr in Ketten legen). Dann gelangte er vor den Thron des Hades. Neben dem Tor des Herrscherpalastes erblickte er noch zwei Gefangene: Theseus und Peirithoos, König der thessalischen Lapithen, die auf den Sitzen des Vergessens leblos saßen und dafür büßten, dass sie die Königin der Unterwelt rauben wollten. Es gelang dem Heros, seinem Gefährten Theseus die Hand zu reichen und so aus seiner Erstarrung zu lösen. Unter dem Tor kam es zum Kampf zwischen Hades und Herakles, der den Herrscher der Unterwelt schwer verwundete, so schwer, dass Hades sich im Olymp behandeln lassen musste. Es gelang Herakles nicht, auch Peirithoos zu befreien, denn als er den Gefährten des Theseus ergriff, erzitterte die Erde, und er musste von ihm ablassen. In der Unterwelt tötete er auch eine der Kühe des Hades, um damit die Schatten zu nähren. Als Hades den Schaden bemerkte, den Herakles in seinem Reich anrichtete, war er bereit, ihm den Höllenhund auszuhändigen. Mit Kerberos auf dem Arm verließ Herakles die Unterwelt und machte sich auf den Weg nach Tiryns.

Links: Herakles und Kerberos: attische rotfigurige Amphora des Andokidesmalers (tätig um 530–510 v. Chr.) des Erfinders der rotfigurigen Technik. Herakles nähert sich dem schlangenköpfigen Höllenhund mit einer Kette. Athene steht hilfreich zur Seite. Den Eingang zum Hades markiert eine Tempelvorhalle.

Gegenüber: Herakles bringt den Kerberos zu König Eurystheus: schwarzfigurige Hydria (kannenartiges Gefäß mit runder Mündung, dient als Los- und Aschenurne oder Wasserkrug). Der Heros und der König werden mit weißer Deckfarbe gekennzeichnet, die normalerweise für die Frauendarstellung üblich war. Vielleicht wollte der Künstler so die Angst vor dem Höllenhund ausdrücken, den er in Schwarz, Weiß und Purpur gemalt hat.

Unterwegs erregte das Untier überall Angst und Schrecken: Als einmal sein Speichel die Erde berührte, entsprang ihr die Pflanze Eisenhut mit ihrem tödlichen Gift.

In Tiryns stand König Eurystheus auf der Zinne seines Schlosses und freute sich, als er den Höllenhund allein von Weitem erblickte. Er rief seine Leute zusammen und freute sich mit ihnen, dass Herakles diesmal der Aufgabe nicht gewachsen gewesen war. Als er aber den Heros wenig später erblickte, sprang er verängstigt in seinen Bronzekrug. Als Herakles den Höllenhund anketten wollte, bedeutete ihm Eurystheus, dass seine zwölf Aufgaben dazu bestimmt gewesen seien, seine Schuld abzutragen, und dass die Götter sich ihm ungnädig zeigen würden, wenn sie auf Kerberos verzichten müssten. Widerstrebend nahm Herakles den grauenerregenden Höllenhund und brachte ihn in die Unterwelt zurück.

Nachdem Herakles aus der Unterwelt lebend zurückgekehrt war, trug er zu Recht seinen berühmtesten Beinamen: Kallinikos, „der mit dem schönen Sieg". Und obwohl ihm nun die Unsterblichkeit gewiss war, musste Herakles noch weitere Sklavenarbeiten erdulden.

Herakles und Omphale

Die zwölf Arbeiten hatte Herakles erfolgreich bestanden, und er erinnerte sich an die Worte des Delphischen Orakels, dass er jetzt unsterblich wäre. Leider bezog sich diese Weissagung nicht auf sein weiteres sterbliches Leben auf der Erde, sondern allein auf das unsterbliche Leben im Himmel. Weil seine Bluttat an seiner Frau Megara und seinen Kindern zu bekannt war, fand Herakles keine Frau mehr, die ihn heiraten wollte. König Eurytos von Oichalia verweigerte ihm

die Hand seiner Tochter Iole, obwohl Herakles einen Wettbewerb im Bogenschießen gewonnen hatte, dessen Preis die Hand der Königstochter war.

Wütend verließ der Heros König Eurytos, wobei er einige Pferde und etwas Vieh mitgehen ließ.

Als ihn Iphitus, der Sohn des Königs, deswegen zur Rede stellte, stürzte er ihn vom Dach seines Hauses. Wegen dieser neuerlichen Untat bestraften ihn die Götter mit geistiger Umnachtung. Herakles machte sich wieder auf den Weg nach Delphi, um das Orakel zu befragen. Pythia war zornig über Herakles, da er trotz der zwölf schweren Aufgaben nicht weiser geworden war, und verweigerte ihm die Antwort.

Da stahl Herakles ihr den Dreifuß und drohte, Delphi zu zerstören. Apollon eilte herbei, und es entbrannte ein heftiger Kampf zwischen beiden, bis Zeus sie mit einem Donnerkeil zur Vernunft brachte. Zeus befahl der Pythia, für seinen Sohn eine neue Bestrafung zu finden. Diesmal musste sich Herakles für drei Jahre erneut einer Sklaverei unterziehen, um den Mord an Iphitos zu sühnen. Hermes verkaufte den Heros an die schöne Königin Omphale von Lydien, die Witwe des Tmolos, und in ihren Diensten vollbrachte er weitere Heldentaten. Er befreite ihr Land von Giganten und Untieren. Man berichtet auch, dass Herakles bei Omphale Frauenkleider tragen musste und sie später seine Frau geworden sei. Als er die Königin wieder verließ, war er geistig wieder gesund.

Herakles und Deianeira

Herakles beschloss nun, mit allen Menschen abzurechnen, die ihm unrecht getan hatten. Dann zog er nach Kalydon, wo König Oineus herrschte. Hier kämpfte er mit dem Flussgott Acheloos um die männerfeindliche und kriegerische Deianeira, die Tochter des Königs und der Althaia. Der Flussgott verwandelte sich in einen Stier. Beim Ringkampf siegte Herakles und brach das Horn des Gottes ab, und so wurde Deianeira seine Frau. Später half er dann ihrem Vater bei der Unterwerfung der Thesprotier. König Oineus schickte beide fort aus dem Reich, als Herakles bei einem Bankett in einem Wutanfall versehentlich den Mundschenk des Königs tötete.

Zusammen mit Deianeira machte sich Herakles auf den Weg nach Trachis. Unterwegs musste er den reißenden Strom Euenos überwinden. Der Kentaur Nessos erbot sich, Deianeira über den Fluss zu tragen, während Herakles durch das Wasser watete. Herakles hatte noch nicht einmal die Hälfte des Stromes überquert, als er die Hilfeschreie seiner Frau hörte, die Nessos zu vergewaltigen versuchte. Wütend ergriff Herakles Pfeil und Bogen und erschoss den Kentaur. Im Todeskampf sagte der hinterhältige Nessos zu Deianeira, wenn Herakles jemals eine andere Frau begehren sollte, dann müsse sie ein Gewand in Nessos' Blut tauchen und Herakles zu tragen geben. Mit diesem Zauber würde die Liebe zu ihr wiederkehren. Unbemerkt von Herakles tat Deianeira, wie der Kentaur sagte, nahm etwas Blut und verschloss es sorgsam in einem Fläschchen.

Herakles zog jetzt nach Trachis, wo er für König Keyx, Sohn des Morgensterns Eosphoros und Gemahl der Alkyone, mehrere Kriege führte. Seinen letzten Krieg führte er gegen König Eurytos, der ihm die Hand seiner Tochter Iole ver-

Links: Herakles und Omphale: römische Wandmalerei aus einem Haus in Pompeji (1. Jahrhundert n. Chr.). Die Götter (oben) und Omphale (links) sind Zeugen, wie die Eroten dem Helden seinen Köcher und Bogen wegnehmen. Die Vorstellung, dass die Eroten den Göttern und Helden ihre Stärke rauben, war bei griechischen und römischen Künstlern weitverbreitet.

Gegenüber: Pablo Picasso (1881–1973): „Nessos und Deianeira" (1920). Picasso verlagerte die klassischen Themen in seine Gegenwart. Ihn interessierten besonders die symbolischen Figuren der menschlichen Natur. So gibt es zahlreiche Entwürfe zum Minotauros von Picasso. Der Kentaur Nessos, halb Mensch, halb Ungeheuer, ist dabei, Deianeira zu vergewaltigen. Mit wenigen Strichen gelingt es Picasso, die attische rotfigurige Vasenmalerei zu verdichten.

weigert hatte. Mit seiner Armee machte er sich auf nach Oichalia, wo er König Eurytos besiegte und ihn und seine Söhne im Kampf tötete. Die Tochter Iole nahm er als Konkubine und sandte sie mit anderen Gefangenen nach Trachis. Seiner Frau ließ er ausrichten, dass er für das Dankopfer, das er Zeus am Kap Kenaion bringen wollte, ein frisches Gewand benötige. Weil Deianeira fürchtete, dass Herakles Iole mehr lieben könnte als sie, tauchte sie das Gewand in das Blut, das sie Nessos abgenommen hatte.

Kaum hatte Herakles mit dem Opfer begonnen, da verbrannte ihm das giftige Blut seine Haut. Als er das Gewand abstreifen wollte, löste sich seine Haut mit ab. Mit letzter Kraft machte er sich auf nach Trachis. Als seine Frau begriff, wie übel ihr der Kentaur mitgespielt hatte, erhängte sie sich vor Gram.

Jetzt verstand Herakles die Worte des Orakels, er werde nicht von Händen eines Lebenden sterben, sondern von denen eines Toten. Das Orakel von Delphi befahl ihm, auf dem Berg Oita in Thessalien einen Scheiterhaufen zu errichten, ihn zu besteigen und auf den Willen seines Vaters Zeus zu warten. Als er sich schließlich mit Todesqualen auf den Holzstoß legte, hatte niemand den Mut, das Feuer anzuzünden. Nur Philoktetes, der Sohn des Poias, war dazu bereit. Als Dank erhielt er den Bogen und die vergifteten Pfeile des Sterbenden.

Als die Flammen den Helden verbrannt hatten, schickte Zeus einen mächtigen Blitz. Man glaubt, dass Herakles zum Olymp aufgestiegen ist und von nun an bei den Göttern wohnte, versöhnt mit Hera und verheiratet mit ihrer Tochter Hebe. Als Dank für seine Arbeiten auf der Erde verwandelte ihn Zeus in ein Sternzeichen. Nach seiner Unsterblichkeit erschien Herakles auf der Erde, um seinen irdischen Freunden zu helfen, so im Kampf um Troja und im Kampf gegen seinen Feind Eurystheus.

Unten: Herakles wird den Göttern im Olymp vorgestellt: attische schwarzfigurige Weinschale des Phrynosmalers (tätig um 550 v. Chr.). Athene, die ihren Brustschutz *(aegis)* trägt, führt den Helden Herakles zu Zeus. Die Signatur unterhalb der Szene lautet: „Phrynos machte dies und schickt seine Grüße". Diese Schale gehört zu den schönsten schwarzfigurigen Stücken. Auf der anderen Seite der Schale hat der Künstler die Geburt der Athene dargestellt, um so auf die geschwisterliche Beziehung der Göttin zum Helden hinzuweisen.

Archäologie und Tempel

Die meisten griechischen Mythen und Legenden lassen sich geografisch exakt in der griechischen Welt des Mittelmeerraumes lokalisieren. Aber viele Dichter haben häufig mit dichterischer Freiheit die Taten ihrer Helden an imaginäre Orte verlegt, um ihre Geschichten geheimnisvoller und exotischer wirken zu lassen.

Zu den bekanntesten Orten zählt der oft von Wolken verhangene Olymp, das vielgipfelige und höchste Gebirge Griechenlands und der sagenhafte Wohnort der Götter. Seine höchste Spitze, der Berg Mytika, ist 2918 m hoch. Auf ihr haben Archäologen vor nicht langer Zeit die Reste eines wahrscheinlich dem Zeus geweihten Tempels aufgedeckt. Dieser Tempel scheint wenig genutzt worden zu sein, aber Knochen von Opfertieren, Inschriften und zahlreiche Münzen wurden um den Tempel herum gefunden. Der Tempel lag an einem heiligen Weg, der die Welt der Götter mit der in einem Tal liegenden Stadt Dion verband, wo viele reich geschmückte und den olympischen Göttern geweihte Tempel standen. In Dion wurden eine Statue des Dionysos (der aber nicht zu den zwölf olympischen Gottheiten gehörte) und ein Tempel der ägyptischen Gottheit Isis freigelegt. Dieser Tempel wurde erst in späthellenistischer Zeit errichtet, als die Welt der Griechen entfernter liegende Religionen und Kulturen erreichte und in sich aufnahm. In Dion wurden auch zuallererst die Olympischen Spiele ausgetragen, bevor sie im 8. Jahrhundert v. Chr. nach Olympia auf die Peloponnes verlegt wurden.

Ein anderer berühmter und in der griechischen Welt bedeutsamer Ort ist der schon im Altertum tätige Vulkan Ätna auf Sizilien, wo der himmlische Schmied Hephaistos seine Werkstatt gehabt haben soll (für andere lag sie auf der früher vulkanischen Insel Lemnos). Griechische Reiseschriftsteller, wie Pausanias (2. Jahrhundert n. Chr.), haben die geheimnisvollen vulkanischen Aktivitäten mit den Mythen von Göttern und Ungeheuern in Verbindung gebracht.

Archäologen ist es gelungen, viele der Mythen und Legenden „dem Boden“ zu entreißen. Romantische Reisende aus dem 19. Jahrhundert glaubten, das Labyrinth des Minotauros auf Kreta entdeckt zu haben, aber was sie in Wirklichkeit sahen, war der korridorreiche prähistorische Palast des Minos. Vielleicht aber inspirierte gerade der Palast die Dichter zu ihrem „Labyrinth“.

Durch die Ausgrabung in Troja wurden 46 Besiedlungsschichten *(strata)* aufgedeckt, die in neun Hauptperioden zusammengefasst werden. In der 6. Periode (1900–1300 v. Chr.) belebten indoeuropäische Einwanderer aus der Ägäis die Stadt und bauten sie aus zu dem mächtigen „mykenischen Troja“. Später wurde sie durch ein Erdbeben zerstört. Die 7. Periode (1300–1200 v. Chr.) war wohl die Stadt des Priamos und Schauplatz des Trojanischen Krieges. Es ist auch heute noch nicht ganz geklärt, wer diese Stadt zerstörte, aber vielleicht waren es die mykenischen Achäer unter der Führung Agamemnons. Die legendären Helden wie Achilleus und Paris sowie die schöne Helena, um die es bei diesem Krieg ging, könnten durchaus am Kampf teilgenommen haben. Nur ihre übermenschlichen Kräfte hätten die Dichter ein wenig übertrieben.

Die olympischen Götter wurden in Heiligtümern verehrt, die von Mauern umgeben waren. Der Mittelpunkt eines solchen Heiligtums war der Tempel, wo die Statue der ihm geweihten Gottheit stand. Der Tempel war oft von Säulen umgeben und mit Skulpturen geschmückt, die mit den Sagen der Gottheit in Verbindung gebracht wurden. Vor dem Tempel und im Anblick der aufgehenden Sonne stand der Altar, wo die Priester und Priesterinnen im Anblick der Betenden, die in

Links: Der Olymp: Die schneebedeckten Gipfel sind fast immer von Wolken verdeckt.

der Stoa, der lang gestreckten Säulenhalle, dem Opfer beiwohnten, die Tiere den Göttern opferten. Um den Tempel herum standen Votivstatuen und andere Geschenke. Wer sich keine Statuen aus Bronze leisten konnte, begnügte sich mit kleinen Götterabbildungen aus Terrakotta, die sie auf die Treppen des Tempels legten und die später in einer heiligen Zeremonie begraben wurden. Sie verraten uns heute viel über die griechische Kunst und Religion.

In den viel größeren „panhellenistischen" Heiligtümern, wie denen des Zeus in Olympia und des Apollon in Delphi, bauten die Stadtstaaten ihre Schatzhäuser auf dem Weg zum Heiligtum. Das waren oft schöne Gebäude, Miniaturausgaben der Tempel, wo die Weihgeschenke für ihre Götter verwahrt wurden. Alle vier Jahre wurden sportliche Wettkämpfe zu Ehren der Götter ausgerichtet. Deshalb verfügten die Heiligtümer auch über Sportkampfstätten in der Länge eines Stadions (olympisches Stadion = 192,27 m), Sporthallen (eine Palästra für die Ring- und Faustkämpfer, ein Gymnasion für das Training für Laufen, Speer- und Diskuswurf) und Statuen der siegreichen Athleten. Bedeutende Stadien bestanden in Olympia, Delphi und Athen. Während des Wettkampfes waren alle kriegerischen Auseinandersetzungen untersagt.

Unten: Mauern in Troja – hier sind es die Reste späterer Mauern – vermitteln noch eine Vorstellung vom homerischen Troja, so, wie der Dichter es in der *Ilias* beschrieben hat: „weiträumig und von Mauern umgeben".

Links: Troja und die trojanische Ebene. Der Schauplatz des homerischen Troja wurde schon in der Antike zum gesuchten Reiseziel. Bedeutende Feldherren wie Alexander der Große, Julius Caesar und Augustus kamen nach Troja, um ihre Achtung vor den legendären Helden kundzutun, die hier gekämpft und im Kampf gefallen waren. Heute ist Troja von den Grabungsabschnitten der Schliemann'schen Ausgrabungskampagne (19. Jahrhundert) gekennzeichnet.

Unten: Das Heiligtum des Apollon in Delphi wurde an einem Hang errichtet. Im Vordergrund sieht man die Sitze des Theaters und unterhalb die Fundamente des Tempels.

Rechts: Der Parthenon oder der Tempel der Athena Parthenos („die Jungfrau") wurde vom führenden Architekten der attischen Klassik, Iktinos, erbaut (zwischen 447 und 438 v. Chr.). Er blieb der Nachwelt erhalten, da er erst in eine Kirche umgewandelt und später eine Moschee in dem Bau errichtet wurde. Die zahlreichen dekorativen Skulpturen wurden aber zerstört oder gestohlen.

Unten: Die Akropolis von Athen war das Hauptheiligtum des klassischen Athen. Von oben hat man einen majestätischen Blick über die Stadt. Das Foto zeigt den Haupteingang (Propyläen) mit dem kleinen Tempel der Nike (rechts). Ganz rechts sieht man das Gebälk des Parthenon.

Theseus

Aigeus, der König der Athener hatte zweimal geheiratet, seine Frauen blieben aber kinderlos. In seiner Verzweiflung befragte er das Delphische Orakel. Die Pythia befahl ihm, seinen Weinschlauch nicht zu öffnen, bevor er nicht wieder in Athen sei. Da Aigeus diesen dunklen Spruch nicht verstand, begab sich der König zu seinem Freund Pittheus, König von Troizen, und wiederholte ihm die Orakelworte. Pittheus verstand sehr wohl das Orakel, da er aber seine Tochter Aithra dem Freund zur Frau geben wollte, gab er vor, die Bedeutung des Orakels nicht zu verstehen. Er machte seinen Freund mit Wein betrunken und legte ihm dann seine Tochter ins Bett. König Aigeus bemerkte am nächsten Morgen die List seines Freundes. Als er nach Athen aufbrechen wollte, sagte man ihm, dass Aithra ein Kind erwartete. Er führte sie zu einem großen Stein, unter dem er seine königlichen Symbolzeichen – Sandalen und ein mit Elfenbein geschmücktes Schwert – versteckte. Dann sagte er Aithra, wenn das Kind ein Junge werden sollte, müsse sie so lange warten, bis er stark genug sei, den Stein zu heben. Dann solle sie seinen Sohn nach Athen schicken, den er an den Sandalen und dem Schwert wohl erkennen würde. Aber der König wusste nicht, dass auch Poseidon Aithra in derselben Nacht beigewohnt hatte.

Die Taten des Theseus

Aithra brachte einen Sohn zur Welt, den sie Theseus nannte. Als dieser zu einem Jüngling herangewachsen war, zeigte seine Mutter ihm den Stein und enthüllte ihm seine königliche Geburt. Er hob den Stein mühelos hoch und nahm Schwert und Sandalen an sich. Theseus aber glaubte seinem Großvater Pittheus, der ihm sagte, dass sein Vater ein Gott sei, Poseidon. Denn eifrig lauschte der Jüngling den umherziehenden Sängern, wenn sie von Göttern, Giganten und Helden erzählten. Er hatte auch von den Heldentaten des Herakles gehört, und er träumte, eines Tages so stark zu sein wie sein Vorbild. Von Herakles aber unterschied er sich in Witz und Bildung.

Theseus machte sich auf den Weg nach Athen. Da er darauf brannte, mit Giganten und Ungeheuern zu kämpfen, nahm er nicht das Schiff – er gab vor, seekrank zu werden –, sondern machte sich auf, den Isthmus zu Fuß zu überwinden. Bei Kenchreai, einem der beiden Häfen von Korinth, erwartete ihn der räuberische Sinis, der Sohn des Poseidon. Mit Beinamen hieß er Pityokamptes, was so viel heißt wie „Fichtenbeuger“. Sinis band die Fremden, die es wagten, den Fichtenhain seines Vaters zu betreten, an zwei heruntergezogenen Fichten fest und ließ sie beim Emporschnellen der Bäume zerreißen. Oder er ließ sich beim Niederbiegen von den Fremden helfen, wobei er den Baum blitzschnell losließ und das Opfer durch die Lüfte schoss. Theseus ließ Sinis selbst nach dessen eigener Weise zugrunde gehen.

In Kronmyon, südwestlich von Megara, befreite Theseus die Menschen von der gewaltigen grauen Sau namens Phaia, der Frucht des Typhon und der Echidne, die die Gegend heimsuchte. Theseus tötete sie mit einem Steinwurf. Allmählich sprachen sich seine Heldentaten in Griechenland herum. Und es dauerte nicht lange, da erfuhr auch König Aigeus in Athen von den großen Taten. Als der junge Held in das Gebiet von Megara kam, führte die Straße an den Skeironischen Felsen vorbei, die über eine Meeresbucht hinausragten. An dieser Stelle hielt der Wegelagerer Skiron, der Sohn des Poseidon, jeden Reisenden an und raubte ihn aus. Nachdem er ihm etwas zu trinken angeboten hatte, ließ er sich zum Dank von ihm die Füße waschen. Wenn sich der Reisende dann niederbeugte, um dem Skiron die Füße zu waschen, pflegte dieser sie über die Klippen zu stoßen. Unten wurden die Überreste dann von einer riesigen Schildkröte gefressen, die auf dem Strand an der Bucht lebte. Theseus ging zum Schein auf die Fußwaschung ein, doch als er vor Skiron kniete, packte er den Schurken an den Beinen und schleuderte ihn über die Felsen, wo ihn die Riesenschildkröte fraß.

Jetzt machte sich Theseus auf nach Eleusis, das damals Athen noch nicht tributpflichtig war. Der König Kerkyon, ein Arkadier, dessen Name „der Geschwänzte“ bedeutete, ließ Theseus herzlich empfangen und forderte als leidenschaftlicher Ringer den Ankömmling zum Ringkampf heraus. Die Bedingung aber war, dass der Verlierer getötet wurde. Kerkyon hatte noch nie einen Kampf verloren. In dem Palast von Troizen hatte Theseus eine gute und sportliche Ausbildung erhalten, sodass er den Kampf ohne zu zögern annahm. Theseus hob nach einem gewaltigen Kampf den mächtigen König in die Höhe und warf ihn dann zu Boden, sodass er zerschmetterte. Nach dem Tod des Kerkyon wurde Theseus König von Eleusis. In der Stadt Erineus, beim Berg Aigaleos, machte Theseus Bekanntschaft mit Prokrustes, „dem Ausstrecker“, der seine Gefangenen „streckte“. Prokrustes, ein

Links: Die Taten des Theseus: attische rotfigurige Weinschale aus dem 5. Jahrhundert v. Chr. Theseus tötet den Minotauros und schafft den leblosen Körper aus dem Labyrinth (Mitte). Der Heros bestraft den Fichtenbieger Sinis, den Wegelagerer Skiron sowie Prokrustes und fängt den Stier von Marathon.

Sohn des Poseidon, pflegte die Reisenden in sein Haus einzuladen, wo er ihnen ihr Schlafgemach zeigte und sie dann fesselte. Waren sie klein, mussten sie sich auf ein großes Bett legen, wo sie „gestreckt" wurden; waren sie groß, kamen sie auf ein kleines Bett, wo sie „verkürzt" wurden. Theseus tat dasselbe mit dem Sohn des Poseidon: Er schnitt ihm den Kopf ab, da Prokrustes nicht sehr groß war. Dann setzte er seine Reise nach Athen fort.

Am nächsten Morgen konnte er den Palast und den Tempel auf der Akropolis sehen. In der Stadt herrschte großer Aufruhr, denn König Aigeus hatte keinen rechtmäßigen Sohn, und die fünfzig Söhne des Pallas – eines Halbbruders Aigeus' – schmiedeten ein Komplott gegen den König, um sich den Thron anzueignen. Theseus wurde im Heiligtum des Apollon Delphinios empfangen. Arbeiter, die den Theseus in einer ihnen ungewohnten Tracht sahen (weil er noch keinen Bart hatte und das lange ionische Gewand trug, hielten sie ihn erst für eine Frau), machten sich über ihn lustig, sodass Theseus einem Wagen die Ochsen ausspannte, die zwei Ochsen ergriff und sie auf das Dach schleuderte.

König Aigeus hatte auf seinem Weg von Troizen nach Athen in Korinth haltgemacht, wo er im königlichen Palast die Bekanntschaft der orientalischen Prinzessin Medea machte, der Tochter des Königs Aietes von Kolchis und der Okeanide Eidyia. Medea war von ihrem Gatten Jason verlassen worden. Aus Rache und mit ihrer großen Zauberkraft schickte sie Glauke, der neuen Frau des Jason, ein vergiftetes Hochzeitsgewand, worin Glauke bei lebendigem Leibe verbrannte. Und auch die Kinder verschonte sie nicht. Sie entkam aus Korinth in einem von geflügelten Drachen gezogenen Zauberwagen ihres Großvaters Helios, des Sonnenlenkers. König Aigeus hatte ihr Schutz versprochen als Dank für die Zusicherung, dem kinderlosen König Nachkommen zu gebären. Medea gebar dem König einen Sohn, Medos, den sie als rechtmäßigen König einsetzen wollte. Als jetzt Theseus in Athen auftauchte, fürchtete Medea um ihren Sohn Medos und seinen rechtmäßigen Thron. Theseus verlangte von seinem Vater sein rechtmäßiges Erbe, ohne aber von ihm erkannt zu werden. Nur Medea erkannte ihn, hielt ihr Wissen aber bei sich. König Aigeus gab dem neuen Heros ein prächtiges Festmahl, und alle sprachen von Theseus wie von einem zweiten Herakles.

Medea nahm Aigeus gegen Theseus ein und überzeugte ihn, diesen gegen den gefährlichen Stier des Minos kämpfen zu lassen, den Herakles einst aus Kreta gebracht hatte und der jetzt Marathon heimsuchte. Medea und Aigeus waren überzeugt, dass Theseus unterliegen würde und dass er als Held diese Herausforderung nicht würde ablehnen können. Theseus aber besiegte den Stier und brachte ihn triumphierend nach Athen, um den Athenern seinen Heldenmut zu beweisen. Bei dem Ehrenmahl für Theseus versuchte Medea, diesen zu vergiften. Als Theseus den Becher erhob, erkannte Aigeus seinen Sohn an den Zeichen, die ihm seine Mutter mitgegeben hatte, und er schlug seinem Sohn den Becher aus der Hand. Theseus wurde dem Volk von Athen als Thronfolger vorgestellt, und die Athener freuten sich, bald einen so wagemutigen Helden als König zu haben.

Theseus und der Minotauros

König Minos von Kreta, Sohn des Zeus und der Europa, hatte sich einmal gegen Athen so erzürnt, dass er der Stadt eine große Plage schickte, sodass König Aigeus einwilligen musste, alle neun Jahre sieben Jünglinge und sieben Jungfrauen nach Kreta zu senden, wo sie vom Minotauros, einer Missgeburt mit Stierkopf und Menschenleib und Sohn der Pasiphaë und eines Stieres, ins Labyrinth gelockt und verschlungen wurden. Als Theseus seinen Vater fragte, warum er nicht auf der Liste der sieben Jünglinge stünde, lachte ihn Aigeus aus und sagte, dass Prinzen niemals ausgelost würden. So ging Theseus freiwillig und mit der festen Absicht mit, den schrecklichen Stier zu töten.

Oben: Theseus und Athene im unterirdischen Palast der Amphitrite; attische rotfigurige Weinschale des Töpfers Euphronius (ca. 515–500 v. Chr. tätig). Die Bemalung stammt vom attischen Vasenmaler Onesimos (tätig um 490–480 v. Chr.). Die Schale zeigt schwimmende Delfine und einen Triton, der die Füße des Theseus stützt. Links vom jugendlichen Theseus steht die Signatur: „Dies hat Euphronius gemacht." Auf der Außenseite des Bechers sind weitere Heldentaten des Theseus abgebildet.

Gegenüber: Theseus kämpft gegen den Minotauros: attischer rotfiguriger Stamnos (Weingefäß) vom Kleophradesmaler (tätig 500–470 v. Chr.). Die zum Zopf geflochtenen Haare des Helden zeigen die Vorliebe des neuen Jahrhunderts für kurze oder geflochtene Haare. Der blutende Minotauros hält einen Stein als Waffe in der rechten Hand. Theseus' Hut und Schwertfutteral hängen über der Mauer.

Die sieben Jünglinge und die sieben Jungfrauen verließen Piräus, den Hafen von Athen, auf einem Schiff mit schwarzen Segeln, das König Minos gehörte und von ihm selbst gesteuert wurde. Aigeus befahl traurig dem Kapitän, ein weißes Segel zu setzen, wenn Theseus das Abenteuer siegreich bestehen sollte, denn er wollte seinem Sohn einen triumphalen Empfang bereiten. Aber er fürchtete, Theseus für immer verloren zu haben. Auf der Fahrt nach Kreta hörte Theseus die Schreie von einer der Jungfrauen, die vom lüsternen König Minos bedrängt wurde, als sei sie seine Sklavin. Theseus eilte herbei und forderte König Minos zum Kampf heraus. Andere berichten, dass sich beide ihre uneheliche Abstammung vorwarfen. König Minos sprach hochmütig zu seinem Vater Zeus und bat ihn, ihm einen Beweis zu schicken, damit alle wüssten, dass er sein Sohn sei. Gott Zeus schickte einen seiner Blitze ins Meer. So bestätigte er dem Minos seine Vaterschaft. Als Zeichen von Poseidon forderte er, dass der Jüngling den Ring, den er jetzt ins Meer warf, wieder heraufhole. Unverzüglich sprang Theseus in die Tiefe und erreichte den Palast seines Vaters Poseidon, wo ihn Amphitrite, die schöne Gemahlin des Meeresgottes, freundlich willkommen hieß. Poseidon händigte ihm nicht nur den Ring aus, sondern hängte ihm auch einen glänzenden Purpurmantel um und setzte auf sein Haupt einen rosendurchflochtenen Kranz. Als Theseus neben dem Schiff auftauchte, nicht einmal benetzt vom Wasser, waren die Jünglinge und Jungfrauen überglücklich und freuten sich mit ihm. König Minos aber war zornig und näherte sich während der ganzen Fahrt nie mehr den Jungfrauen.

Bevor die Kinder dem fürchterlichen Minotauros zum Fraß vorgesetzt wurden, war es Sitte auf Kreta, ihnen im Palast von Knossos ein Festmahl zu geben. Bei diesem Fest verliebte sich Prinzessin Ariadne, die Tochter des Minos und der Pasiphaë, in den starken Theseus und bot ihm ihre Hilfe an, wenn er sie dafür mit nach Athen nehmen würde.

Der Minotauros lebte im innersten Winkel des Labyrinths, das der berühmte Baumeister Daidalos entworfen hatte. Ariadne gab Theseus den Plan vom Labyrinth und eine Rolle Garn, die Theseus die Rückkehr aus dem Labyrinth ermöglichen sollte. Theseus ließ sie und seine Gefährten am Eingang zurück und begab sich ins Zentrum des Labyrinths, wobei er das Garn hinter sich abspulte. Als er endlich dem Untier gegenüberstand, zog er das Schwert, das er von seinem Vater erhalten hatte, und tötete den Minotauros. Dann kehrte er zum Eingang zurück, von wo er mit Ariadne und den Gefährten zum Schiff zurückging, das im Hafen lag. Unverzüglich setzten sie die Segel und machten sich voller Freude auf die Heimfahrt nach Athen.

Als Erstes kamen sie zu der einsamen Felseninsel Dia, die später unter dem Namen Naxos bekannt wurde, und gingen an Land. Als sie wieder aufbrachen, blieb Ariadne allein am Strand zurück. In tiefer Trauer wollte sich Ariadne das Leben nehmen, wurde aber noch rechtzeitig vom Gott Dionysos gerettet, der in die schöne Prinzessin verliebt war. Nach ihrem Tod versetzte Dionysos ihren Brautkranz ans Firmament als Sternbild Corona Borealis.

Als der Kapitän sich der Stadt Athen näherte, vergaß er, das weiße Segel zu setzen. König Aigeus stürzte sich beim Anblick der schwarzen Segel von der Akropolis in den Tod. Theseus landete inzwischen im athenischen Hafen Phaleron und brachte den Göttern Dankopfer, bevor er die Nachricht vom Tod seines Vaters erfuhr. So wurde der Sohn zweier Väter König von Athen, und seitdem heißt das Meer, über dem das Sternbild der Ariadne schwebt, das Ägäische Meer.

Rechts: Theseus und der Minotauros: römische Wandmalerei aus einem Haus in Pompeji (1. Jahrhundert n. Chr.). Minotauros liegt tot am Eingang des Labyrinths, nachdem Theseus ihn besiegt hat. Kinder und Erwachsene preisen den Helden.

Links: Dionysos und Ariadne: rotfigurige Weinschale aus dem 5. Jahrhundert v. Chr. Der betrunkene Dionysos trägt einen Kranz aus Efeu und wird von seiner sterblichen Geliebten Ariadne gestützt. Eros wurde im 5. Jahrhundert v. Chr. als Jüngling mit langem Haar und Flügeln dargestellt, der ein Tamburin schlägt. Die Weinblätter und die Trauben am Schalenrand sollten sich im Wein spiegeln.

Theseus, König von Athen

Theseus war nun König von Athen, und es gelang ihm in den nächsten Jahren, weitere Ortschaften dem attischen Reich einzuverleiben. Da er die königliche Macht über den attischen Staatenbund verringerte, wurde er in der Folgezeit als ein Vorkämpfer für die Demokratie gefeiert.

Herakles ehrte den neuen König durch die Einladung, ihn auf seinem Feldzug ins Reich der Amazonen am Schwarzen Meer zu begleiten, von wo er den Gürtel ihrer Königin Hippolyte als Geschenk für die Tochter des Königs Eurystheus mitbringen sollte. Im Reich der Amazonen verliebte sich Theseus in Antiope, die Schwester der Königin, die er mit nach Athen nahm und dort heiratete. Antiope gebar ihm einen Sohn, Hippolytos. Um ihre Schwester zu befreien, zogen die Amazonen nach Athen. Bei dem Versuch, die Schwester ihrer Königin zurückzugewinnen, starb Antiope.

Nun hielt Theseus die Zeit für gekommen, ein Bündnis mit Kreta einzugehen. Er vermählte sich mit Phaidra, Tochter des Minos und Schwester der schmählich zurückgelassenen Ariadne, mit der er zwei Söhne hatte: die Thronfolger Demophon und Akamas. Hippolytos hatte er nach Troizen geschickt, wo er Erbe seines Urgroßvaters Pittheus wurde.

Bei seinem Versuch, den attischen Thron an sich zu reißen, hatte Theseus Pallas, einen Halbbruder seines Vaters Aigeus, und seine fünfzig Söhne getötet. Das Delphische Orakel befahl Theseus, für ein Jahr sein Reich zu verlassen, um diese Schuld zu sühnen, denn er hatte das Blut seiner Familie vergossen. So machte er sich auf nach Troizen, wo ihn sein Sohn Hippolytos herzlich aufnahm. Bei seinem schüchternen und zurückhaltenden Sohn verbrachte er ein Jahr. Hippolytos war der Jagd ergeben und daher ein Günstling der Artemis. Phaidra hatte ihren Stiefsohn zum ersten Mal gesehen, als er in die Eleusinischen Mysterien eingeweiht wurde, und sich in ihn verliebt. In Troizen flammte ihre alte Leidenschaft wieder auf. Als Anhänger der jungfräulichen Artemis wollte Hippolytos aber nichts von ihr wissen. Theseus verließ Troizen für einige Zeit, um das Delphische Orakel zu befragen. Allein gelassen mit seinem Sohn, den sie liebte, versuchte Phaidra alles, um die Liebe des Stiefsohnes zu erringen. Ihre alte Amme, die Mitleid hatte mit ihrer verliebten Herrin, erzählte Hippolytos von den Gefühlen seiner Stiefmutter, die dieser entsetzt und angeekelt zurückstieß. Aber da er die Frau seines Vaters achtete, schwor er, das Geheimnis für sich zu behalten. Als Phaidra von seiner Verachtung erfuhr, erhängte sie sich. Aus Rache für die Ablehnung hinterließ sie einen Brief, in dem sie Theseus mitteilte, von seinem Sohn Hippolytos verführt worden zu sein. Als Theseus nach Troizen heimkehrte, musste er glauben, was sie ihm geschrieben hatte. Er bat seinen göttlichen Vater, ihm zu helfen und Hippolytos zu töten. Dann schickte Theseus seinen Sohn in die Verbannung. Als dieser in seinem Streitwagen an der Meeresküste von Troizen entlangfuhr, tauchte ein gewaltiger Stier aus dem Wasser auf, erschreckte die Pferde, die voller Panik den Wagen umstürzten, wobei Hippolytos zu Tode kam. Erst später erfuhr Theseus von den Priesterinnen der Göttin Artemis die schreckliche Wahrheit. Es stellte sich heraus, dass Aphrodite hinter dem Komplott stand, weil Hippolytos lieber der Artemis als ihr dienen wollte.

Peirithoos, König der thessalischen Lapithen und bester Freund des attischen Königs, lud Theseus zu seiner Hochzeit mit Hippodameia, der Tochter des Butes, ein. Zur Hochzeitsgesellschaft gehörten neben Theseus und Nestor von Pylos die Kentauren vom Pelion. Diese betranken sich mächtig, und da sie des Weines unkundig waren, gerieten sie bald außer sich, stürzten sich auf die Braut und die Brautjungfern, um sie zu vergewaltigen. Es entbrannte ein heftiger Kampf zwischen den Kentauren und den Lapithen, den die Kentauren am Ende verloren.

Nach dem Tod der Phaidra und der Hippodameia beschlossen die beiden Freunde, dass sie Unsterbliche zu Gemahlinnen nehmen sollten. Theseus entschied sich für Helena, und Peirithoos half ihm dabei, sie aus Sparta zu entführen. Peirithoos entschied sich – den Göttern zum Trotz – für Persephone, die Frau des Hades. Die beiden machten sich auf den Weg in die Unterwelt, wo sie den Fährmann Charon zwangen, sie über den Styx zu setzen. Als sie im Palast des Hades um die Hand der Persephone anhielten, bot ihnen Hades Stühle an, die furchtbaren Stühle des Vergessens. Die beiden Freunde blieben wie versteinert sitzen und konnten sich nicht mehr rühren.

Oben: Theseus und Peirithoos in der Unterwelt: attischer rotfiguriger Krater des Niobidenmalers (tätig um die Mitte des 5. Jahrhunderts v. Chr.). Das Thema ist nicht eindeutig zu bestimmen, aber es könnte sich durchaus um die beiden Freunde Theseus und Peirithoos handeln, die sich auf den Weg in die Unterwelt machten. Über ihnen stehen die Göttergestalten Herakles und Athene. Der Vasenmaler hat hier zum ersten Mal versucht, den Figuren eine perspektivische Tiefe zu geben, indem er die Gestalten auf unterschiedliche Höhen versetzt darstellt.

Links: Peter Paul Rubens (1577–1640): „Kampf der Amazonen". Rubens zeichnet eine Szenerie, die im klassischen Altertum weit verbreitet war. Die Griechen kämpfen gegen die Amazonen. Damit wollten die Griechen ihre Überlegenheit gegenüber barbarischen Gesellschaften wie die der Amazonen beweisen. Die Frauen der „zivilisierten" Griechen lebten zurückgezogen in einem Purdah, einer Art Harem.

Gegenüber: Pierre-Auguste Renoir (1841–1919): „Diana" (1867). Renoir malte die jungfräuliche Göttin der Jagd Artemis (Diana) als eine zeitgenössische üppige Schönheit in einer sonnigen, französischen Landschaft. Diana trägt einen unklassischen Langbogen, mit dem sie gerade einen Hirsch erlegt hat.

Wie Herakles starb Theseus einen unglücklichen Tod. Er begab sich auf die Insel Skyrios, wo ihn der verlogene König Lykomedes willkommen hieß. Da er aber den mächtigen Theseus fürchtete, führte er ihn an den Rand eines Felsens, um ihm sein Reich zu zeigen, und stieß ihn dann hinterrücks in die Tiefe. Noch im Todessturz dachte Theseus an das ähnliche Schicksal des Wegelagerers Skyron, seines geliebten Vaters Aigeus und seines Sohnes Hippolytos.

Unten: Ein Lapithe kämpft gegen einen Kentauren: Metope vom Parthenon in Athen (zwischen 448 und 432). Der dorische Außenfries des Parthenon zeigte 92 skulptierte Metopen, auf denen vier Themen dargestellt waren: Die Griechen kämpfen gegen die Trojaner, die Griechen kämpfen gegen die Amazonen, die Götter kämpfen gegen die Giganten, und die Lapithen kämpfen gegen die Kentauren. Die Themen sollten den Sieg der griechischen Zivilisation über die persischen Barbaren symbolisieren.

Rechts: Enthauptung der Medusa durch Perseus: Kalksteinmetope vom griechischen Tempel in Selinunt, Sizilien (Mitte des 6. Jahrhunderts v. Chr.). Der geflügelte Pegasos erscheint hinter seiner Mutter Medusa, während Athene links zu sehen ist.

Perseus

Dem Akrisios, König von Argos, war geweissagt worden, dass er einst von seinem Enkel getötet werden würde. In seiner Furcht baute Akrisios einen mächtigen bronzenen Turm und sperrte seine Tochter Danaë darin ein. Sie sollte so lange in Unfreiheit leben, bis sie zu alt wäre, um noch Kinder zu bekommen. Da sie aber Zeus nicht verborgen blieb, wurde sie auf wundersame Weise schwanger: Zeus nahte sich ihr über das Dach als Goldregen, floss durch das Dach und fiel ihr in den offenen Schoß, wodurch er sie schwängerte. Danaë kam mit einem Sohn nieder, den sie Perseus nannte. Als Akrisios davon erfuhr, setzte er Mutter und Sohn in einer schweren Truhe auf dem Meer aus. Wie durch ein Wunder landeten beide sicher an der Insel Seriphos, wo sie ein Fischer namens Diktys entdeckte, der sie bei sich aufnahm und für sie sorgte. Als Perseus zum Mann herangewachsen war, erzählte ihm seine Mutter, wer sein Vater war.

Perseus und Medusa

Auf Seriphos herrschte aber nicht Diktys, sondern sein Bruder Polydektes, Sohn des Aiolossohns Magues und einer Naiade. Als Danaë zu einer schönen Frau heranwuchs, gedachte der lüsterne Polydektes, sie zur Frau zu gewinnen. Dafür musste er aber Perseus beseitigen, der zwischen ihm und der jungen Frau stand. Als er von seinen Untertanen Pferde verlangte, die er der Hippodameia, Tochter des Königs Oinomaos von Pisa, als Geschenk überreichen wollte, um sie zur Hochzeit zu überreden, sagte ihm Perseus, dass er kein Pferd besäße, aber bereit wäre, alles zu tun, um den König zufriedenzustellen. Der hinterlistige Polydektes schickte Perseus aus, das Haupt der Gorgone Medusa zu holen, um seinen Beitrag zu den Hochzeitsgeschenken zu leisten. Er wusste zu gut, dass niemand lebend von den Gorgonen heimgekehrt war.

Zeus schickte Athene auf die Erde, um seinem Sohn zu helfen. Athene, die die Medusa hasste, da sie in einem der Athene geweihten Tempel mit Poseidon geschlafen hatte, schenkte dem Perseus einen Bronzeschild und führte ihn zu einer Höhle in Libyen, wo die Graien, die drei unheimlichen Schwestern der Gorgonen, wohnten. Da sie aber Perseus nicht helfen wollten, überlistete dieser sie: Da die Graien gemeinsam nur ein Auge hatten, hielten sie abwechselnd Wacht. So stand Perseus in ihrer Nähe, und als sie das Auge übergaben, riss Perseus den beiden das Auge aus der Hand und gab es ihnen nicht eher zurück, bevor sie ihm nicht verraten hatten, wie er zu den Gorgonen gelangte. Nachdem die Graien ihm widerwillig ihr Wissen mitgeteilt hatten, warf Perseus ihr Auge in den Tritonissee, um zu verhindern, dass sie ihre Schwestern von seinem Erscheinen informierten.

Die Nymphen schenkten ihm drei Hilfsmittel für seine Aufgabe: eine Tarnkappe, damit er seine Aufgabe unsichtbar vollbringen konnte, ein Paar Flügelschuhe, um den unsterblichen Schwestern der Medusa, Stheino und Euryale, zu entkommen, und einen Mantelsack, in dem er das Haupt der Medusa bergen sollte. Als er die Nymphen verließ, begegnete ihm Hermes, der ihm, geblendet von seinem schönen Äußeren, ein Sichelschwert schenkte, um der Medusa das Haupt abschlagen zu können.

Perseus machte sich solchermaßen bewaffnet auf den Weg ins Reich der Gorgonen. Er überraschte sie im Schlaf, wobei er sich am Spiegelbild der Medusa in seinem Bronzeschwert

Vorherige Doppelseite: Tizian (1487–1576): „Danaë und der Goldregen“ (1554). Philipp II. von Spanien bestellte mehrere erotische Bilder mit klassischen Motiven bei Rubens. Rubens zeigt Danaë nicht in ihrem bronzenen Gefängnis, sondern in einem prunkvollen Schlafgemach mit Betthündchen und einer Dienerin, die den Goldregen in einer Schürze auffängt. Rubens nennt sein Bild „poetisch“ – eine poetische Umsetzung eines Mythos.

Unten: Perseus und die Medusa: attische schwarzfigurige Olpe (Weinkrug) des Amasismalers aus der Mitte des 5. Jahrhunderts v. Chr. Medusa zeigt hier Fangzähne, eine ausgestreckte Zunge und Schlangenlocken. Der Heros wendet sein Haupt von der Gorgone, um bei ihrem Anblick nicht in Stein zu erstarren. Hermes wacht in der Nähe über den Helden. Die Signatur links von Theseus lautet: „Amasis hat mich geschaffen.“

orientierte. Denn das Haupt dieses Untiers war so schrecklich, dass jeder zu Stein erstarrte, der es anblickte. Dann schlug er ihr mit Hermes’ Schwert das Haupt ab und steckte es in seinen Mantelsack. Als die unsterblichen Schwestern die Medusa tot vorfanden, eilten sie ihm nach, aber die Tarnkappe machte ihn unsichtbar, und so konnte er ihnen entrinnen.

Perseus und Andromeda

Perseus machte sich auf den Weg nach Äthiopien, wo er im Vorbeifliegen die an einen Felsen gekettete nackte Andromeda erblickte. Weil ihre Mutter Kassiopeia geprahlt hatte, dass ihre Tochter viel schöner sei als die Nereiden, sollte Andromeda auf Geheiß des Orakels von Zeus einem Seeungeheuer geopfert werden. Als Perseus zu der unglücklichen Andromeda flog, weil ihre Klageschreie sein Mitleid erregt hatten, schickte sich das Untier an, Andromeda zu verschlingen. Augenblicklich hielt Perseus bei Kepheus um die Hand der Andromeda an, die dieser ihm auch versprach. Jetzt zeigte Perseus dem Seeungeheuer das Haupt der Medusa, sodass es auf der Stelle zu Stein erstarrte. Als dem siegreichen Heros das Hochzeitsbankett ausgerichtet wurde, erschien Phineus, der Bruder des Kepheus, und forderte die Hand der Andromeda, die ihm früher versprochen worden war. Es kam zu einem Kampf, den Perseus siegreich beendete, indem er die Eindringlinge mit dem Gorgonenhaupt in Stein verwandelte.

Dann segelte Perseus mit Andromeda nach Seriphos zurück. In der Zwischenzeit hatte Polydektes versucht, seine Mutter Danaë in seine Gewalt zu bekommen. Als Perseus dem verschlagenen König mitteilte, dass es ihm gelungen sei, das Haupt der Medusa zu erobern, lachte ihn Polydektes aus. Perseus zeigte ihm jetzt voller Wut das furchtbare Gorgonenhaupt, und der lüsterne König erstarrte zu Stein. Nachdem Perseus das Abenteuer erfolgreich überstanden hatte, befahl ihm Athene, seine Waffen dem Hermes zurückzubringen. Das Haupt der Medusa aber schenkte er der Athene, die es an ihrem Brustpanzer befestigte. Dann kehrte Perseus nach Argos zurück, wo er den Thron von König Akrisios für sich forderte.

Sein Großvater floh in panischem Schrecken vor der Weissagung ins thessalische Larissa. Ahnungslos folgte ihm Perseus. In Larissa veranstaltete der thessalische König Teutamides gerade die Begräbnisspiele für seinen Vater. Perseus, der an diesen Spielen teilnahm, traf beim Diskuswerfen versehentlich seinen Großvater, und so erfüllte sich das Orakel.

Jetzt kehrte er zu seiner Mutter und seiner Frau nach Argos zurück. Da er aber den Herrscher des Reiches getötet hatte, wollte er nicht über Argos herrschen, sondern tauschte das Königreich mit dem benachbarten Tiryns ein, wo er noch viele Jahre regieren sollte. Seine Gemahlin Andromeda gebar ihm zahlreiche Kinder. Mit ihrem Enkel Eurystheus endete das Geschlecht des Perseus. Dieser starb eines natürlichen Todes. Nach dem Tode des Perseus versetzte Athene Andromeda und ihren Gemahl, ihre Eltern und die Schlange, die sie verschlingen wollte, als Sternbilder an den Himmel. Die prahlerische Kassiopeia aber musste ihrer Sünden wegen auf dem Rücken liegen, die Füße nach oben.

Unten: Sir Edward Coley Burne-Jones (1833–1898): „Das Schicksal hat sich erfüllt". Burne-Jones bringt eine romantische und mittelalterliche Atmosphäre in die Sage von der Errettung der Andromeda durch Perseus. Der Panzer des Helden und die geflügelten Beinschienen vom Haupt der Medusa wirken bizarr exotisch. Andromeda ist nicht mehr angekettet und erwartet den Ausgang des Kampfes.

Oben: Ein Rhapsode erzählt: attische rotfigurige Amphora des Kleophradismalers aus dem frühen 5. Jahrhundert v. Chr. Der Maler hat den Beginn des epischen Berichtes dem Erzähler „in den Mund gelegt“: „Es geschah in Tiryns ...“ Zur Zeit des Trojanischen Krieges war Tiryns ein mächtiger mykenischer Palast.

Die griechischen Dichter

Im frühen Griechenland wurden die Mythen mündlich durch Dichter übermittelt, die auf Festen und Gelagen ihre Dichtung, hauptsächlich Epen, auswendig vortrugen. Auch wenn die Epen gleich bei der Entstehung schriftlich festgehalten wurden, las man sie zunächst nicht vor, sondern ließ sie von Rhapsoden vortragen. Ihre Gönner waren die griechischsprechenden Könige und Aristrokraten, die über die kleinen Reiche im Mittelmeerraum herrschten. Epen sind breite, erzählende Heldensagen in Versform. Die ältesten erhaltenen griechischen Epen sind die *Ilias* und die *Odyssee* des Dichters Homer, in denen die Ruhmestaten der Menschen besungen werden. Die *Ilias* besingt den heroischen Kampf um Troja, die *Odyssee* die Heimkehr des Odysseus, seine vielen Abenteuer bis zur Wiederherstellung seiner Herrschaft. Die Rhapsoden schmückten ihre Sagen mit übermenschlichen Heldentaten und Kämpfen gegen die Götter und Ungeheuer.

Hier eine Beschreibung des griechischen Helden Achilleus aus der *Ilias* des Homer in der Übersetzung von Johann Heinrich Voß.

Aber Achilleus erhob sich, der Göttliche. Selber Athene
Hängt' um die mächtigen Schultern die quastumbundene Aigis,
Auch sein Haupt mit Gewölk umkränzte die heilige Göttin,
Goldenem, und ihm entstrahlt' ein ringsum leuchtendes Feuer.
Wie hochwallender Rauch aus der Stadt aufsteigt zum Äther,
Fern aus dem Meereiland, das feindliche Männer bestürmen,
Jene den ganzen Tag, im Kriegsgraun sich versuchend,
Kämpfen aus ihrer Stadt; doch sobald die Sonne sich senket,
Brennen sie Reisgebund' auf Warten umher, und es leuchtet
Hoch der steigende Glanz, daß Ringsumwohnende schauen,
Ob vielleicht in Schiffen des Streits Abwehrer herannahn.
So von Achilleus' Haupt erhob sich der Glanz in den Äther.

Rechts: Symposion und das Haupt der Medusa: attische schwarzfigurige Weinschale aus der Mitte des 6. Jahrhunderts v. Chr. Die Zechgenossen halten ihre Weinbecher in der Hand, ein anderer spielt die Aulos, ein gedoppeltes Blasinstrument. Ein nackter Jüngling bietet ihnen Wein an. Das Haupt der Medusa wird erst sichtbar, wenn der Trinker seinen Becher geleert hat.

Die Anfänge der griechischen Lyrik liegen im Dunkeln. Von der volkstümlichen Lyrik der Griechen haben sich nur einige wenige Reste erhalten. Man unterscheidet monodische Lyrik, das sind von einem Einzelnen vorgetragene Lieder, die für den Vortrag im kleinen Kreis bestimmt waren, und Chorlieder, die in der Öffentlichkeit bei Hochzeits-, Sieges- und Trauerfeiern gesungen wurden.

Als eine der frühesten griechischen Lyrikerinnen gilt Sappho von Lesbos (620–550 v. Chr.), die in ihren Liedern weniger politische Ereignisse aufnimmt, sondern vor allem in anschaulicher und einfacher Sprache die Gemeinschaft mit ihren Gefährtinnen, Musik, Tanz und Festlichkeit, Schmuck und Blumen besingt. Aus ihren stark gefühlsbetonten Liedern erfahren wir, dass sie in einem Kreis von Mädchen oder Frauen lebte, für die sie leidenschaftliche Zuneigung empfand.

Im folgenden Gedicht, es ist das einzig vollständig erhaltene Gedicht der Sappho, wendet sich die Dichterin an Aphrodite, die Göttin der Liebe.

Golden thronend göttliche Aphrodite,
Kind des Zeus, listspinnendes, hör mein Flehen!
Nicht durch Schmach und bitteres Leid, o Hohe,
Beuge den Stolz mir!

Sondern nahe jetzt mir, wenn je du gnädig
Meiner Sehnsucht brunstigen Ruf erhörtest,
Wenn du je verlassend des Vaters Wohnung,
Hoch einherschwebend,

Kamst auf goldenem Wagen; ihn zogen mühlos
Fluggewandte Tauben zur dunklen Erde
Nimmermüden Fittichs vom Himmel nieder,
Äthergetragen.

Pfeilbehende waren sie da; du aber,
Sel'ge, frugst mit göttlicher Anmut lächelnd:
„Welch Verlangen zehrt dir am Herzen, dass du
Meiner begehrest?

Was ersehnt am glühendsten deiner Seele
Ungestüm, wen soll meine List betören,
Wen nur wieder fangen ins Netz dir, wer doch
Kränkte dich, Sappho?

Flieht sie heut' dich – soll sie dir morgen folgen,
Schlägt sie Gaben aus – oh, sie soll dir geben;
Liebt sie nicht – bald muss sie dich lieben, gegen
Eigenen Willen."

Komm auch jetzt, befrei mich von bangen Sorgen!
Was, vor Liebe krank, mein verlangend Herz wünscht,
O gewähr's, Allmächtige, steh du selbst mir
Rettend zur Seite!
(Aus dem Altgriechischen von Heinrich Leuthold)

Unter der Chorlyrik waren besonders die Preis- und Klagelieder auf Menschen des griechischen Dichters Simonides (um 566 v. Chr.) populär. In seinem berühmten Danaë-Fragment zeichnet er in kunstvollen Gegensätzen (das wilde Meer – das schlafende Kind; das ungewisse Schicksal der Mutter – der ahnungslose Säugling) ein zartes Stimmungsbild: Der König Akrisios von Argos war durch das Orakel vor einem künftigen Enkel gewarnt worden, der ihn töten würde. Darum verwahrte er seine Tochter in einem mit Bronzetüren verschlossenen Gemach. Aber Zeus drang als Goldregen zu ihr und schwängerte sie. Die Frucht ihrer Liebe, Perseus, schloss der ängstliche Akrisios in einer Truhe ein und übergab sie den Wellen des Meeres.

Als um den kunstgefügten Kasten nun
Der Wind erbraust' und die empörte Welle,
Da sank sie hin in Angst, beträmt die Wangen.
Und schlang um Perseus' Nacken ihren Arm
Und sprach: „O Kind, wie groß ist meine Qual!
Du aber atmest sanft im Schlaf und ruhst
Mit stiller Säuglingsbrust im freudelosen
Erzfesten, nachterleuchteten Gehäus'
Dahingestreckt in tiefe Dämmernis,
Und lässest ruhig über deinem dichten,
Gelockten Haar die Flut vorüberwandeln
Und das Geheul des Sturmes,
In deinem Purpurkleid, ein lächelnd Antlitz.
Ach, ahntest du die Schrecken um dich her,
Gewiss, du lauschtest mit mir bangem Ohr.
Doch schlaf, o Kind, und schlafen soll die See
Und schlafen all das unermessene Leid!
Du aber wandle deinen harten Sinn,
O Zeus! – Und ist ein Frevel dies Gebet,
Vergib mir, Vater, um des Kindes willen!"
(Aus dem Altgriechischen von Emanuel Geibel)

Im 5. Jahrhundert v. Chr. war Athen das Zentrum der griechischen Kultur, wo besonders die Tragödie gepflegt wurde. Die Aufführungen der Tragödien fanden an den großen Dionysien statt, an denen jeweils nur drei Dichter teilnehmen durften. In der Regel hatte jeder von ihnen eine Tetralogie, also vier Tragödien, zur Aufführung zu bringen. Der Autor der besten Tetralogie erhielt den Preis. Bei dem Dichter Euripides (485–407 v. Chr.) ist der Mensch, von den Göttern verlassen, völlig auf sich gestellt. Zwar greifen die göttlichen Mächte in das Leben der Menschen ein, aber eine Verständigung mit ihnen, zum Beispiel als Einsicht in eine göttliche Ordnung, ist nicht mehr möglich.

Seine Tragödie *Iphigenie in Aulis* zeigt die Reaktion der Menschen auf ein göttliches Gebot, das maßlos ist und von den Menschen nicht mehr verstanden werden kann.

Ihr Jungfraun, stimmt der Tochter Jupiters
Ein hohes Loblied an aus meinem Leiden,
Zum frohen Zeichen für ganz Griechenland!
Das Opfer fange an – Wo sind die Körbe?
Die Flamme lodre um den Opferkuchen!
Mein Vater fasse den Altar! Ich gehe,
Heil und Triumph zu bringen den Achivern!
Kommt! Führt mich hin! Der Phrygier und Trojer
Furchtbare Überwinderin! Gebt Kronen,
Gebt Blumen, diese Locken zu bekränzen!
Erhebt den Tanz um den besprengten Tempel,
Um den Altar der Königin Diana.
Der Göttlichen! Der Seligen! Denn, nun
Es einmal sein muss, will ich das Orakel
Mit meinem Blut und Opfertode tilgen.
(Aus dem Altgriechischen von Friedrich Schiller)

Der Lyriker Archilochos (um 648 v. Chr.) stammt von der ionischen Insel Paros. Er gehört zu den ersten Dichtern, die fast ausschließlich von ihren persönlichen Erlebnissen, Gefühlen und Gedanken sprechen. Im folgenden Gedicht beschreibt Archilochos verständnisvoll das Los des göttlichen Wagenlenkers Helios.

Wahrlich, ein mühvoll Amt muss Helios täglich verwalten;
Auch kein einziges Mal ist ja den Rossen und ihm
Innezuhalten vergönnt, sobald zur Höhe des Himmels
Aus des Okeanos Flut Eos, die Rosige, stieg.
Aber ihn trägt bei Nacht durch die Woge das wonnige Lager,
Das aus lauterem Gold künstlich Hephaistos gewölbt;
Über den Spiegel des Meeres auf eilenden Fittichen schwebend,
Trägt es den Schlummernden sanft fort von Hesperiens Strand
Zum Aithiopengestad', wo sein Gespann mit dem Wagen
Harrt, bis wieder des Tags dämmernde Frühe sich naht.
(Aus dem Altgriechischen von Emanuel Geibel)

Gegenüber: Marmorbüste des griechischen Dichters Menander (ca. 343–291 v. Chr.), römische Kopie aus der Kaiserzeit nach einem griechischen Original. Menander war ein Komödiendichter des 4. Jahrhunderts v. Chr.

KAPITEL VIER

Geschichten von Göttern, Helden und Sterblichen

In diesem Kapitel haben wir zahlreiche kurze Geschichten zusammengestellt: „Geschichten mit Ungeheuern", „Tragische Liebesgeschichten", „Metamorphosen" und „Geschichten mit göttlichen Belohnungen". Die Grenzen sind auch hier fließend, innerhalb einer Geschichte haben wir es oft mit mehreren Gattungen zu tun.

Oben: Polyphemos wird von Odysseus und seinen Freunden geblendet: attische Amphora aus Eleusis (um 650 v. Chr.). Diese Amphora zählt zu den ersten Beispielen für schwarzfigurige Vasenmalerei. Die Weinschale soll den Rausch zeigen, in den Odysseus den Riesen versetzte, um ihn töten zu können.

Begegnungen mit Ungeheuern

Odysseus

Odysseus, König des Inselreiches Ithaka, zählt zu den bedeutendsten griechischen Helden, die an dem Kampf um Troja teilgenommen haben. Auf der Rückreise ließen ihn die Götter in einen gewaltigen Sturm geraten, weil sie den Griechen wegen ihrer Grausamkeiten bei der Schlacht um Troja zürnten. Aus Rache mussten Odysseus und seine Mannschaft manches Abenteuer bestehen, bevor sie nach Hause segeln konnten. Einmal landete Odysseus auf der Insel der gigantischen Kyklopen, Sizilien, dort lud er sich beim einäugigen Riesen Polyphemos ein, Sohn des Poseidon und der Meeresnymphe Thoosa. Odysseus stellte sich ihm als Outis („Niemand") dar, worauf der Riese ihn und seine Gefährten in einer Höhle einsperrte, die er mit einem mächtigen Felsen verschloss. Dann begann er nach und nach die Griechen zu verspeisen. Da der listige Odysseus keine Möglichkeit sah, den schweren Stein zu bewegen, hatte er einen guten Einfall: Es gelang ihm, den Riesen mit starkem Wein, den sie aus Griechenland mitgebracht hatten, betrunken zu machen. Dann blendete er ihn mit einem glühenden Holzpfahl.

Am nächsten Morgen zählte der geblendete Polyphemos eigenhändig die Schafe, die aus den unterirdischen Stallungen kamen, damit Odysseus und seine Gefährten nicht entkommen konnten. Wieder hatte Odysseus einen guten Plan: Er und seine Gefährten klammerten sich an die Unterseite der Tiere, sodass der Riese ihre Flucht nicht bemerkte. Sie eilten, so schnell sie konnten, auf ihr Schiff. Kaum angekommen, konnte Odysseus nicht an sich halten und begann, den Kyklopen höhnisch zu verwünschen und ihm seinen wirklichen Namen zuzurufen. Der zornige Riese lief ans Meer und schleuderte schwere Felsen auf das Schiff, die das Fahrzeug beinahe versenkt hätten. In seiner ohnmächtigen Wut flehte Polyphemos seinen Vater um Beistand an und bat ihn, Odysseus und seine Gefährten auf der Schiffsreise in Gefahr zu bringen.

Die Griechen segelten weiter und kamen nach Aiaia, der Insel der Zauberin Kirke, der lieblichen Tochter des Sonnengottes Helios und der Okeanide Perse und Schwester des Königs Aietes von Kolchis. Als Odysseus und seine Gefährten sich anschickten, die Insel zu erkunden, verwandelte Kirke die ersten Männer, die sie erblickte, in Schweine, mit Ausnahme des Eurylochos, der einen Verrat gewittert hatte und nicht in das Haus der Kirke gegangen war. Eurylochos eilte zu Odysseus und berichtete ihm von dem Verrat der Zauberin. Als dieser sich anschickte, seine Leute zu retten, wurde er von Hermes, der sich ihm als hübscher Jüngling zeigte, daran gehindert. Hermes gab ihm ein besonderes Kraut, Moly, mit dessen Hilfe er Kirke überlisten konnte. Odysseus mischte das Kraut in den Wein, den ihm Kirke anbot. Dann bedrohte er sie mit seinem Schwert und erreichte, dass sie seine Gefährten in Menschen zurückverwandelte. Kirke schwor auch, ihm nichts Böses anzutun und ihn auch im Bett nicht zugrunde zu richten. So verbrachte Odysseus ein ganzes Jahr im Haus der Zauberin. Als er und seine Männer sie verließen, gab sie ihnen wichtige Hinweise für die Heimreise und zeigte ihnen auch den Weg ins Reich der Unterwelt, wo er die Geister der Toten befragen konnte. Dort sollte er Rat beim Seher Teiresias suchen, denn nur ein weiser Mann konnte den Zorn der Götter besänftigen und sie sicher nach Hause geleiten.

Kirke hatte Odysseus auch vor gewaltigen Ungeheuern gewarnt, die in diesem Teil des Mittelmeeres wohnten. Zu diesen gehörten auch die Sirenen (vogelartige Frauen, Göttinnen des Sturmes und des Todes), deren Gesang so süß war, dass alle Schiffer, die ihn hörten, an Land gingen und ihm ewig lauschten. Als Odysseus und seine Männer in die Nähe der Sirenen kamen, verstopfte er seinen Leuten die Ohren mit Bienenwachs und ließ sich an den Schiffsmast binden. Da den Sirenen geweissagt worden war, dass sie ins Meer stürzen und ertrinken würden, sobald ein Schiffer ihre Insel passierte, brachte ihnen Odysseus mit seiner List den Tod.

Nach zahlreichen weiteren Abenteuern brachte ein phäakisches Schiff ihn und seine Mannschaft zurück nach Ithaka, wo seine Frau Penelope seit vielen Jahren auf ihn wartete. Während der Abwesenheit ihres Gatten hatten ihr zahllose Prinzen den Hof gemacht. Sie konnte sich der Freier nur dadurch erwehren, dass sie vorgab, ein Leichentuch für ihren Schwiegervater Laertes zu weben, das sie nachts immer wieder auftrennte, um das Ende der Arbeit hinauszuzögern. Als sie des langen Wartens überdrüssig wurde und sich die Freier immer kühner zeigten, betrat Odysseus, als kretischer Bettler verkleidet, den Palast. Er bettelte nun alle Freier an, die ihm zu essen und trinken gaben. Er schlug dann allen einen Wettkampf vor. Sie sollten mit dem Bogen des abwesenden Odysseus einen Pfeil durch zwölf hintereinander aufgestellte Axtringe schießen, wie dieser es häufig getan hatte. Der Sieger würde als Preis die Hand der Penelope erhalten. Nach-

Oben: J. M. W. Turner (1775–1851): „Odysseus verspottet Polyphemos". Der Riese Polyphemos taucht undeutlich aus dem Nebel über dem Schiff des Odysseus auf; Nereiden schwimmen geisterhaft dem Schiff voran, das wie eine fantastische Galeone dargestellt ist. Alles liegt hier im Grenzbereich zwischen Fantasie und Wirklichkeit. Die Felsen erinnern an Pferdeköpfe, als wollten sie den Sonnenwagen in den Himmel ziehen. Eine meisterhafte romantische Deutung eines antiken Mythos.

Rechts: Dosso Dossi (1474–1542): „Kirke und ihre Liebhaber" (1525). Der hölzerne Palast der Kirke ist im Hintergrund zu sehen. Die Zauberin hält eine Steintafel mit Zaubersprüchen. Zu ihren Füßen liegt ein geöffnetes Zauberbuch mit der Abbildung eines magischen Pentagramms. Dossi hat die antike Zauberin in eine hübsche mittelalterliche Hexe verwandelt.

Links: Odysseus und die Sirenen: attischer rotfiguriger Stamnos des Sirenenmalers (frühes 5. Jahrhundert v. Chr.). Odysseus ist an den Schiffsmast gebunden, während sich seine Freunde Wachs in die Ohren gestopft haben, um dem betörenden Gesang der Sirenen zu entkommen. Der Heros scheint die Musik zu genießen, aber der Zauber der Sirenen ist gebrochen, und sie stürzen sich voller Verzweiflung ins Meer.

dem Odysseus den Wettkampf siegreich beendet hatte, tötete er die Freier mit den übrigen Pfeilen.

Ödipus und die Sphinx

Ödipus, dessen Name „Schwellfuß" bedeutete, war König von Theben und Sohn des Laios und der Jokaste. Dem Laios war einst bedeutet worden, dass ein von der Jokaste geborener Sohn ihn töten würde. Als seine Frau ihm einen Knaben schenkte, nahm der abergläubische Laios das Kind, durchbohrte ihm die Füße und setzte es auf dem Berg Kithairon aus. Ein thebanischer Hirte fand den Jungen und nahm ihn mit nach Korinth, wo der kinderlose König Polybos das Kind bei sich aufnahm und es Ödipus nannte. Als Ödipus zu einem kräftigen Mann herangewachsen war, wurde er einmal bei einem Gelage seiner unehelichen Herkunft wegen verspottet. Zornig und traurig machte sich Ödipus auf den Weg, um das Delphische Orakel zu befragen, wo er seine leibhaftigen Eltern finden könnte. Die Pythia weissagte ihm, dass es ihm bestimmt sei, seinen Vater zu töten und seine Mutter zu heiraten. Da er der furchtbaren Weissagung entgehen wollte und noch immer glaubte, dass König Polybos und Königin Merope seine Eltern waren, schwor er, nie mehr nach Korinth zurückzukehren. So machte er sich auf den Weg nach Böotien. Unterwegs begegnete ihm ein Unbekannter in einem Wagen und forderte ihn auf, ihm Platz zu machen. Als dieser sich weigerte, überfuhr der Wagenlenker einen Fuß des Ödipus. Außer sich vor Wut tötete Ödipus den Lenker und die Insassen des Wagens.

Als Ödipus in Theben ankam, war die Stadt in heller Aufregung: König Laios war auf dem Weg nach Delphi von einem Fremden getötet worden, wo er die Pythia über die Sphinx, ein geflügeltes Ungeheuer mit Frauenkopf und Löwenkörper, das die Stadt heimsuchte, befragen wollte. Die Sphinx hatte jeden Einwohner gefressen, der ihr Rätsel nicht lösen konnte.

Nach dem Tod des Laios bot König Kreon jedem die Hand und den Thron seiner Schwester Jokaste an, der die Sphinx besiegen könnte und Theben von der Plage befreien würde. Ödipus, der nichts zu verlieren hatte, meldete sich unverzüglich. Die Sphinx pflegte auf einer Mauer oder einem Felsen zu sitzen, von wo aus sie die Opfer aufforderte, ihr berühmtes Rätsel zu lösen. Wenn die Antwort falsch war, und das war sie immer, ergriff das Ungeheuer sein Opfer, trug es davon und verschlang es. Ihr berühmtes Rätsel lautete: „Es gibt auf Erden etwas, das hat zwei Füße, drei und vier Füße, und es hat ein und denselben Namen – aber die Geschwindigkeit seiner Glieder ist am geringsten, wenn es auf den meisten Füßen läuft." Als Ödipus der Sphinx die Antwort geben musste, sagte er: „Du meinst den Menschen: Wenn er auf Erden geht, ist er zuerst ein Säugling auf allen vieren; und wenn er alt wird, ist er gebeugt und mag kaum den Kopf heben, wenn er sich auf seinen Stock stützt als

Oben: Penelope und Odysseus: schwarzfiguriger Skyphos (Trinkgefäß) aus dem späten 6. Jahrhundert v. Chr. Eine burleske Version des klassischen Mythos: Penelope mixt ein Getränk für ihren heimgekehrten Gemahl in einem Gefäß, das die gleiche Form hat wie der Skyphos selbst.

Oben: Ödipus und die Sphinx: attische rotfigurige Weinschale des Ödipusmalers (frühes 5. Jahrhundert v. Chr.). Ödipus wird in seiner Reisekleidung und mit seinem Sommerhut dargestellt. Mit seinen gekreuzten Beinen und dem in die Hand gestützten Kinn schaut er gedankenvoll die auf einer Säule sitzende Sphinx an, die ihm ein Rästel aufgegeben hat.

dritten Fuß." Als das Ungeheuer diese Antwort hörte, stürzte es sich in den Tod.

Auf diese Weise erfüllte sich die Weissagung des Orakels, denn nun heiratete Ödipus Jokaste, seine Mutter, und der Wagenlenker, den er unabsichtlich getötet hatte, war kein anderer als sein Vater, König Laios. Als Jokaste und Ödipus die Wahrheit erfahren, erhängt sich seine Mutter, und ihr Sohn blendet sich mit einer Schmuckspange.

Tragische Liebesgeschichten

Selene und Endymion

Endymion, Sohn des Aethlios und Enkel des Zeus, war der königliche Gründer der Stadt Elis, der Landschaft der Olympischen Spiele. Als eines Tages Selene, die Gottheit des Mondes, auf einem von Rindern gezogenen Wagen ausfuhr, sah sie Endymion im Mondlicht schlafend und verliebte sich in den hübschen Jüngling. Jedesmal, wenn Selene hinter dem Gebirgsrücken Latmos in Kleinasien verschwand, besuchte sie ihren Geliebten Endymion, der dort in einer Höhle schlief. Da die Göttin es nicht ertragen konnte, ihren schönen Geliebten altern und sterben zu sehen, berührte sie seine Augen mit den magischen Mondtropfen und versenkte ihn in ewigen Schlaf, damit sie ihn immer in der Höhle finden und küssen konnte.

Kephalos und Prokris

Kephalos war der Sohn des Königs Deion von Phokis und der Diomede. Als Kephalos in Athen Prokris, die schöne Tochter des Königs Erechteus, heiratete, schworen sie sich ewige Treue. Kephalos, der gerne auf die Jagd ging, verließ jeden Morgen ihr Bett, um beim Morgengrauen dem Wild nachzustellen. Dort verliebte sich Eos, die Göttin der Morgenröte, in den jungen und hübschen König und entführte ihn gegen seinen Willen, denn er liebte Prokris leidenschaftlich. Da er aber auch schrecklich eifersüchtig war, kehrte Kephalos als Fremdling verkleidet nach Attika zurück, um seine Frau auf die Probe zu stellen. Er bot Prokris eine große Summe Geld an, wenn sie seine Geliebte würde. Er bedrängte sie so lange, bis sie endlich seinem Werben nachgab. Jetzt gab sich der Fremdling zu erkennen und machte seiner Frau bittere Vorwürfe. Jahre später wurde Prokris berichtet, dass ihr Mann auf der Jagd nach einer „Aura" gerufen hätte. Sie versteckte sich eifersüchtig an der Stelle, wo ihr Mann gewöhnlich Rast hielt. Als sie ihren Mann nahen hörte, bewegte sie sich auf ihn zu. Kephalos, der sie für ein Wild hielt, schleuderte seinen unfehlbaren Speer nach ihr. Als sie sterbend in seinen Armen lag, bat sie ihn, er möge nicht Aura heiraten. Da wurde Kephalos alles klar.

Achilleus und Penthesilea

Der sterbliche Peleus vermählte sich mit der unsterblichen Nereide Thetis, ohne zu wissen, dass die Götter die Heirat geplant hatten, denn es war geweissagt worden, dass die Frucht der Thetis mit einer Gottheit einst auf dem Olymp herrschen würde. Zur prächtigen Hochzeitsfeier waren alle Götter geladen, mit Ausnahme von Eris („Streit"). Jeder brachte ein prächtiges Geschenk mit, darunter die unsterblichen Pferde Xanthos und Balios und eine von Hephaistos geschaffene Rüstung. Eris kam ungeladen und warf als Geschenk den berühmten goldenen Apfel, der die Inschrift „der Schönsten" trug, in die Menge. Im Olymp stritten sich nun Hera, Athene und Aphrodite um den Apfel. Zeus befahl Hermes, den schönsten Jüngling auf Erden, Paris, Prinz von Troja, zu holen, der entscheiden sollte. Da Aphrodite diesem die schönste Frau der Welt versprach, überreichte Paris ihr den Apfel. Als schönste Sterbliche galt Helena, Frau des Menelaos von Sparta. Paris machte sich auf nach Sparta und entführte die schöne Helena. Der getäuschte Menelaos und sein Bruder Agamemnon sowie weitere griechische Könige belagerten Troja für neun Jahre.

Penthesilea, Tochter des Ares und der Amazonenkönigin Otrete, hatte versehentlich eine ihrer Schwestern getötet.

Unten: Girodet-Troison (1767–1824): „Der Schlaf des Endymion". Der Maler studierte zusammen mit Louis David, dessen kühle Strenge hier deutlich sichtbar wird. Aber es steckt auch viel Romantisches im Bild verborgen – verständlich, dass der Maler besonders von den frühen Romantikern bewundert wurde. Selene wird hier nur als Mondlicht dargestellt, das Eros in die Höhle des schönen schlafenden Königs leitet.

Links. Claude Lorrain (1600–1602): „Landschaft mit Kephalos und Prokris und Diana". Claude Lorrain hat bewusst ein antikes Motiv aufgenommen, um eine Landschaft darstellen zu können. Die Gebäude in der Landschaft stammen aus der Umgebung von Rom, die Lorrain so sehr liebte.

Oben: Achilleus tötet Penthesilea: attische schwarzfigurige Amphora des Töpfers und Vasenmalers Exekias (tätig im dritten Viertel des 6. Jahrhunderts v. Chr.). Links von Achilleus steht die Signatur: „Exekias machte dies". Der Künstler malte besonders eindrucksvolle Darstellungen von Mythen.

Gegenüber: Achilleus und Penthesilea: attische schwarzfigurige Vase aus dem 6. Jahrhundert v. Chr. Achilleus trägt die tote Amazone vom Schlachtfeld. Ihre Lippen und ihre Augen sind geschlossen.

Rechts: Peter Paul Rubens (1577–1640): „Das Urteil des Paris". In Begleitung des Götterboten Hermes überreicht Paris den goldenen Apfel der Göttin Aphrodite. Rechts von ihr steht Hera mit dem heiligen Pfau, links von ihr Athene, die ihre Rüstung abgelegt hat. Das Haupt der Medusa ist am Schild und wie üblich an der *aegis* befestigt. Am Himmel erscheint die Furie Allekto, die auf die nahende Tragödie hinweist.

König Priamos von Troja bot an, sie zu reinigen, wenn sie ihm mit ihren Truppen beim Kampf um Troja helfen würde. Im Kampf tötete Penthesilea viele Griechen, wurde aber schließlich von Achilleus, Sohn des Peleus und der Thetis, besiegt. Nachdem er ihr die Rüstung abgenommen hatte, fiel sein Blick auf ihren Körper, und er verliebte sich in sie.

Bei der Schlacht um Troja siegten die Griechen, doch viele verloren wegen der schönen Helena ihr Leben. So auch Achilleus, den ein vergifteter Pfeil vom Bogen des Paris tödlich an seiner Verse verwundete.

Aphrodite und Adonis

Der asiatische Gott Adonis war der Sohn der Myrrha und ihres Vaters Kinyras, König von Paphos. Aphrodite hatte Myrrha in ihren Vater verliebt gemacht, weil sie ihre Riten vernachlässigte und man sagte, dass Myrrha schöner als Aphrodite sei. Die Göttin verliebte sich in den schönen Adonis und übergab den Knaben der Persephone. Auch diese verfiel dem Knaben und weigerte sich später, ihn herauszugeben. Zeus bestimmte die Muse Kalliope zur Unparteiischen, die jeder Göttin ein halbes Jahr Recht auf den Knaben zusprach. Die erzürnte Aphrodite soll die Muse bitter bestraft haben, indem sie den Tod ihres Sohnes Orpheus bewirkte.

Während Adonis seine Zeit bei Aphrodite verbrachte, verlor er sein Leben auf tragische Weise: Der wegen Aphrodite eifersüchtige Ares hatte sich in einen Eber verwandelt und im Wald den schönen Jüngling angefallen. Weil die Göttin betrübt über den Verlust war, ließ sie aus dem Blut seiner Wunden das blutrote Adonisröschen wachsen.

Hylas und die Nymphen

Auf der Suche nach dem Goldenen Vlies hatte Herakles einen hübschen Jüngling als Reisegefährten und Geliebten mitgenommen. Als einmal Herakles' Ruder vor der bythinischen Küste zerbrach, betraute er seinen Geliebten Hylas, Sohn des Theiodamas, König der Dryoper, und der Nymphe Menodike, mit der Aufgabe, an Land zu gehen, um dort ein neues Ruder herzustellen und Wasser für die Weiterfahrt zu suchen. Der Jüngling, den Herakles einst großgezogen hatte, nachdem er seinen Vater getötet hatte, machte sich auf den beschwerlichen Weg, und als Hylas aus einer einsamen Quelle Wasser schöpfen wollte, zogen ihn Quellennymphen in ihren Teich. Die Argonauten ließen Herakles mit seinem Kummer in Mysien zurück, damit er dort seinen Gefährten suchen konnte. Vergeblich, denn die verliebten Nymphen gaben seinen Freund und Gefährten nie mehr frei. Hylas blieb für immer in der Quelle und wurde der Geliebte der schönen Naiaden.

Unten: Tizian (1487–1576): „Venus und Adonis“ (1560). Tizian beschwört das nahende Unheil durch den stürmischen Himmel und den kauernden Eroten (Cupido), der die heiligen Tauben tröstet. Tragische Masken schmücken die Schuhe des Adonis. Die Figuren sind ganz im Stil venezianischer Liebhaber gezeichnet: Venus (Aphrodite) trägt eine modische Frisur, und Adonis steht bei seinen Jagdhunden und trägt ein Strumpfband der Venus um seinen linken Arm.

Gegenüber: John Waterhouse (1849–1917): „Hylas und die Nymphen“. Der viktorianische Maler versetzt den Mythos in eine sehr englisch wirkende Teichlandschaft mit Wasser- und Schwertlilien. Hylas trägt in seiner linken Hand einen Wasserkrug, aber die Nymphen haben schon seine rechte Hand ergriffen und ziehen ihn ins Wasser. Waterhouse gehört zu den letzten Malern, die ein antikes Thema aufgriffen, um eine Legitimation für erotische Darstellungen zu haben.

Pyramus und Thisbe

In der Stadt Babylon lebten einst zwei verfeindete Familien Haus an Haus. Ihre Kinder Pyramus und Thisbe kannten sich seit ihrer Kindheit, mussten aber später ihre Liebe vor ihren Eltern geheim halten, weil diese von einer Heirat nichts wissen wollten. Da nun ihre Betten Wand an Wand standen, öffnete Pyramus einen kleinen Spalt in der Mauer, den nur die Liebenden kannten und vor ihren Eltern geheim hielten. Hier flüsterten sie miteinander, küssten sich und tauschten liebevolle Seufzer aus. Eines Tages fassten sie den Entschluss, sich des Nachts am Grabe des Ninos vor den Stadttoren zu treffen. Thisbe, das Gesicht verschleiert, war als Erste da. Plötzlich tauchte eine Löwin auf, das Maul noch ganz blutig vom letzten Fraß. Voller Angst versteckte sich Thisbe in einer nahe gelegenen tiefen Höhle, wobei sie jedoch ihren Schleier verlor, den die noch immer hungrige Löwin zerfetzte und mit Blut befleckte. Als der verliebte Pyramus zum Stadttor kam, erblickte er entsetzt den blutgetränkten Schleier und die Fußstapfen der Löwin. Wahnsinnig vor Verzweiflung stürzte sich Pyramus unter einem Maulbeerbaum in sein Schwert. Sein Blut färbte die Früchte, die vorher weiß

Oben: Pyramus und Thisbe: römische Wandmalerei aus einem Haus in Pompeji (1. Jahrhundert n. Chr.). Thisbe tötet sich, als sie ihren toten Geliebten entdeckt. Die Geschichte wurde vom römischen Dichter Ovid in den *Metamorphosen* beschrieben. Sie war auch noch in spätrömischer Zeit populär.

waren, dunkelrot, wie sie seither sind. Als Thisbe seinen leblosen Körper fand, stürzte sie sich verzweifelt in das blutige Schwert ihres Geliebten.

Die entsetzten Eltern machten sich große Vorwürfe, ihren Kindern die Liebe versagt zu haben. Dann begruben sie die Asche ihrer Kinder und unglücklichen Liebenden in einer einzigen Urne. Zwei Flüsse in Kilikien (Kleinasien) wurden nach den beiden benannt.

Verwandlungsgeschichten

Narkissos

Narkissos war der Sohn der Nymphe Leiriope und des böotischen Flussgottes Kephissos. Als er noch ein Kind war, fragte seine Mutter den Seher Teiresias, ob ihr Sohn ein langes Leben haben werde. Die Antwort des Weisen lautete: „Ja – wenn er niemals sich selber erkennt." Narkissos wuchs zu einem stattlichen Jüngling heran, in den sich sämtliche Mädchen und Männer verliebten. Doch der schöne Jüngling verschmähte sie alle. Eines Tages verliebte sich die Nymphe Echo vom Berg Helikon unsterblich in den schönen Jüngling, der sie aber zurückstieß, weil sie immer nur seine Worte wiederholen konnte, denn Hera hatte die schwatzhafte Nymphe vor langer Zeit zum Schweigen gebracht, indem sie ihre Äußerungen auf die letzten Silben verkürzte, die der andere gesagt hatte. In ihrem Leid versteckte sich die Nymphe Echo vor der Welt und verkümmerte. Nur ihre Stimme blieb als Echo übrig.

Ein von Narkissos abgewiesener Liebhaber flehte Nemesis, die Tochter der Nacht und Rächerin für herzlos Liebende, an, den stolzen Narkissos zu bestrafen. Die Göttin verdammte den schönen Jüngling dazu, sein Spiegelbild in einem Teich in Thespiai in der Nähe des Berges Helikon immer und immer wieder anzuschauen, so lange, bis er in sich selbst verliebt war, vor Entkräftung und unerfüllter Liebe dahinschwand und endlich starb. Die Götter verwandelten den in sich selbst verliebten Jüngling dann in die Narzisse.

Rechts: John Waterhouse (1849–1917): „Echo und Narkissos" (1903). Echo schaut sehnsüchtig den schönen Narkissos an, der seinen Köcher abgelegt hat, um sich selbstverliebt im Wasser betrachten zu können. Der Teich passt eher zu einer englischen Teichlandschaft als nach Griechenland. Bei den Füßen des selbstverliebten Narkissos blühen jene Blumen, denen er seinen Namen geben sollte: Narzissen.

Philemon und Baucis

Philemon und Baucis waren ein armes und altes Ehepaar, das in einer Strohhütte am Abhang eines Berges lebte. Als die Götter Zeus und Hermes einmal als Wanderer verkleidet durch das Land zogen, baten sie überall vergeblich um Gastfreundschaft. Doch endlich kamen sie eines Abends zu dem alten Ehepaar, das sie willkommen hieß und ein bescheidenes Mahl anbot. Schnell merkten sie, dass sie keine gewöhnlichen Gäste bei sich aufgenommen hatten, denn die Weinkanne füllte sich immer wieder von selbst auf. Am nächsten Morgen verwandelten die Götter ihre Hütte in einen prächtigen Tempel. Als Zeus Philemon fragte, was er

Links: Rembrandt van Rijn (1606–1669): „Philemon und Baucis" (1658). Rembrandt behandelt das Thema mit tiefem Verständnis und Einfühlungsvermögen. Die Götter sind tief bewegt über die Gastfreundschaft und Herzlichkeit des alten Ehepaares. Die Schattentechnik des holländischen Meisters schafft hier eine wundersame Atmosphäre.

sich wünsche, bat dieser darum, mit seiner Frau als Priester und Priesterin im Zeus-Tempel dienen zu dürfen. Nach ihrem Tod verwandelte Zeus die Alten in eine Eiche und eine Linde, die auch heute in der Natur oft beisammenstehen.

Apollon und Daphne

Daphne, die Tochter des thessalischen Flusses Ladon, war eine jungfräuliche Jägerin wie Artemis und ihre Anbeterin. Weil Apollon Eros, den Gott der Liebe, verspottet hatte, musste er sich in die Jägerin Daphne verlieben. Vorher verwundete Eros Apollons Herz mit einem vergoldeten Pfeil, der ihn wahnsinnig nach Daphne machte, und durchbohrte mit einer Pfeilspitze aus Blei das Herz der Daphne, wodurch sie für jeden Liebhaber unempfänglich wurde. Der verliebte Apollon verfolgte die abweisende Daphne durch die Wälder. Da richtete sie ein Stoßgebet um Rettung an den Flussgott, schlug augenblicklich Wurzeln und verwandelte sich in einen Lorbeerbaum, dem sie ihren Namen gab. Der unglückliche

Apollon pflückte einen Zweig, steckte sich ihn an sein Haar und bestimmte, dass künftig ein Lorbeerkranz seine Leier, seinen Köcher und sein Haupt schmücken solle.

Zeus und Io

Io, die Tochter des Königs Inachos von Argos und der Melia, diente der Hera als Priesterin in ihrer Vaterstadt. Zeus verliebte sich in die schöne Priesterin und erregte erneut den Unwillen seiner Frau Hera. Immer musste Io vom verliebten Zeus träumen, dass er in der Nacht zu ihr käme und sie heimlich bat mitzukommen, um ihr auf den Feldern beizuwohnen. Als sie ihrem Vater von diesen seltsamen Träumen berichtete, fragte Inachos die Orakel von Delphi und von Dodona um Rat. Die Orakel gaben ihm die unbestimmte Antwort, die Tochter für immer aus seiner Stadt zu verbannen, andernfalls werde seine Stadt von einem Donnerkeil des Zeus zerstört werden. Kaum hatte Io traurig das Haus ihres Vaters verlassen, als sich ihr Zeus näherte. Als dieser bemerkte, dass Hera sie von ihrem Tempel aus mit Blicken verfolgte, verwandelte er Io in eine schöne weiße Färse. Hera forderte die Färse für sich und bestimmte den hundertäugigen Wächter Argos Panoptes („Allesseher") zum Wächter der Färse.

Der verliebte Zeus beauftragte den Götterboten Hermes, das Tier zu stehlen. Es gelang ihm, Argos zu überlisten und in einen langen Schlaf zu versetzen. Dann tötete Hermes den Wächter. Hera versetzte die Augen des Argos in den Schwanz ihres Pfaus und schickte eine Furie in Gestalt einer Bremse, die Io um die Erde treiben sollte, um sich nie mehr setzen zu können. Auf der Flucht kam sie bis nach Ägypten, wo sich Zeus ihrer erbarmte und sie in der Gestalt eines Stieres schwängerte. Io wurde in eine Frau zurückverwandelt und gebar dem Zeus einen Sohn, den Epaphos, der ebenfalls als Gott verehrt und König von Ägypten wurde. Vorher aber ließ ihn die noch immer eifersüchtige Hera durch die Kureten rauben und nach Syrien bringen, wo diese von Zeus vernichtet wurden, weil sie seinen Sohn geraubt hatten. Io heiratete König Telegonos, der den Demeter- und Isis-Kult in Ägypten heimisch machte.

Pan und Syrinx

Die arkadische Nymphe Syrinx verbrachte ihre Zeit damit, mit der Jagdgöttin Artemis zu jagen. Eines Tages stellte ihr der faunische, bocksfüßige Pan, Sohn des Hermes und der Kallisto, Gott des Weidelandes, nach. Um ihre Jungfräulichkeit zu retten, flehte sie die Nymphen des Flusses Ladon an, ihre Unschuld zu beschützen. Als die Nymphen erkannten, dass Syrinx das Ufer des Ladon nicht überqueren konnte, um sich in Sicherheit zu bringen, verwandelten die Nymphen daraufhin Syrinx in Schilf. Als der verliebte Pan am Flussufer nach ihr suchte, machte er sich aus dem Schilf eine Flöte, zu der die Nymphen und Satyrn tanzten, und nannte sie Syrinx nach seiner verlorenen Geliebten.

Unten: Hendrick van Balen (gest. 1615): „Pan verfolgt Syrinx".

Gegenüber: Giovanni Battista Tiepolo (1696–1770): „Apollon verfolgt Daphne" (1775–1760). Tiepolo zeigt Daphne, wie sie über einen Flussgott stolpert, hinter dem sich ein Erote ängstlich vor Apollon versteckt. Hinter dem Kopf des Apollon erscheint die Sonne, und der Gott trägt einen Lorbeerkranz.

Unten: Pieter Lastman (1583–1633): „Juno überrascht Jupiter mit Io“ (1618). Juno (Hera) erscheint mit ihren Pfauen, an deren Schwänzen die Augen des Argos zu erkennen sind. Sie ist wütend auf ihren Gemahl, weil dieser Io in eine Färse verwandelt hat, um sich heimlich mit ihr zu paaren. Die Gestalt mit dem Fuchspelz symbolisiert den Verrat.

Geschichten von göttlicher Vergeltung

Dionysos und Pentheus

Die Geschichte von Dionysos und Pentheus bildet den Stoff der wohl eindrucksvollsten Tragödie des Euripides (484–406 v. Chr.). *Die Bakchen (Bakchai)*, nach dem Vorbild des *Pentheus* von Aischylos geformt, ist das letzte Meisterwerk des Dichters. Auch hier behandelt Euripides das Grundthema der attischen Tragödie, die Enthüllung einer göttlichen Wahrheit, die Beschreibung eines Modells menschlicher Hybris, die zwangsläufig dem Tod verfallen muss. Zum letzten Mal steigert er das verblendete Rasen irdischer Kreatur bis zum Umschlag in die verspätete Einsicht. Die Tragödie schildert die Einführung des Dionysos-Kultes in Theben, dem sich der König Pentheus, Sohn der Kadmostochter Agaue und des Echion, leidenschaftlich widersetzt. Dionysos oder Bacchus, der Gott des Weines und der Ekstase, ist die oberste Gottheit der späteren griechischen (hellenistischen) Welt, dessen Kult und die dazugehörenden Riten Erlösung versprachen. Oft wurde er von denen verfolgt, die seine Göttlichkeit nicht akzeptierten, nach vielen Kämpfen jedoch gewann er das ganze Griechenland für seinen Kult. Diese Gottheit kündigt im Prolog seine Absicht an, die widerstrebende Stadt gewaltsam zu unterwerfen. Dazu hat er die Frauen ins Gebirge getrieben, wo sie im Rauschzustand als rasende Mänaden umherschweifen. In den Bergen stimmen sie in den Chor der Bakchen (Bacchantinnen) ein:

Gegenüber: Velázques (1599–1660): „Die Zecher“ (1629). Velázques mischt hier die klassischen Gestalten des Dionysos und seiner Zecher mit den realistischen Porträts zeitgenössischer Spanier.

Rechts: Der Tod des Pentheus: römische Wandmalerei aus dem Haus des Vetti in Pompeji (1. Jahrhundert n. Chr.). Diese Wandmalerei ist möglicherweise eine Kopie eines früheren griechischen Originals.

Asiatische Gau'n und den heiligen Tmolos verlassen
Durchstürm' ich die Lande, dem Bromios dienend mit Lust
Und die Mühen des Weges nicht achtend!
Ich rufe dem Bakchios Euoi!
Die ihr wandelt in Gassen, in Häusern verweilet,
Gebt frei uns den Weg!
Und in heiligem Schweigen vernehmet es alle,
Das oft schon gesungene Lied: Es ertöne dem Gott Dionysos.

Seligkeit ist dem beschieden,
Der sie kennt, die Götterweihen,

Und sie rein hält von Befleckung,
Der dem Thiasos von Herzen
Sich ergibt und ins Gebirg eilt
Zu den heil'gen Läuterungen.
Und der Kybele Satzungen hält, der gewaltigen Mutter,
Und schwingend den Thyrsos und efeubekränzt Dionysos verehret.
Auf, Bakchen, und führt ihn aus phrygischem Bergen
Nach Hellas zurück, wo zu schöneren Tänzen die Plätze sich breiten.

Den die Mutter einst getragen
In den Nöten bitt'rer Wehen
Und als Zeus im Donner nahte,
Ach, zu früh zur Welt geboren,
Selbst ihr armes Leben lassend
Von dem Wetterschlag der Blitze;
Und sogleich in den heimlichsten Winkel verbarg der Kronide
Das Kind, in den Schenkel es hüllend,
Mit güldenen Spangen verwahrt
Vor den Blicken der Hera; doch als ihn die Moiren
Vollendet, gebar er den Gott und bekränzt ihn mit Schlangen,
Drum schlingt die Mänade ins Haar sich die Natter.

O Theben, Semeles Heimat, kränze dein Haupt mit Efeu!
Strotze von beerengeschmückten Ranken die Stachelwinde!
Bakchisch pranget im Schmuck der Eichen- und Tannenzweige!
Auch des Hirsches scheckiges Fell
Putzt mit Flocken vom schnee'gen Vlies!
Mutwillige Thyrsen bereitet euch fein!
Bald dreht sich die ganze Gemeinde im Tanz,
Wenn die Scharen Bromios fahrt
Ins Gebirg', ins Gebirg' hinaus,
Die von Spindel und Webstuhl fort
Peitschte der Gott Dionysos.
(Aus dem Altgriechischen von Hans von Arnim)

Er selbst erscheint in Gestalt eines Jünglings und in Begleitung lydischer Mänaden. Im Palast warnt zum letzten Mal König Pentheus, der aber auf seinem Standpunkt beharrt und den vermeintlichen Fremden hochmütig festnehmen lässt.

Zur Strafe zertrümmert Dionysos den Palast und versetzt auch den König in den Zustand der Raserei. In Frauenkleidern muss Pentheus die Stadt verlassen, um auf dem Berg Kithairon Zeuge der Orgien zu sein, zu denen Dionysos die thebanischen Frauen mit übernatürlichen Kräften verleitet hatte. Die Frauen, unter denen sich auch seine Mutter befindet, fühlen sich belauscht. In ihrem Wahn halten sie ihn für einen Löwen, fallen über Pentheus her und zerfleischen ihn. Als der Rausch vorbei ist, erkennt die Mutter ihre Tat. Dionysos verweist das alte Herrscherhaus des Landes. So furchtbar rächte sich Dionysos an dem ungläubigen und hochmütigen Pentheus und an seiner Mutter und seinen Tanten, weil sie ihm nicht opfern wollten und ihre Schwester Semele, Mutter des Dionysos, verachtet hatten.

Artemis und Aktaion

Die Geschichte von Aktaion und seinem furchtbaren Schicksal gehört zu den beliebtesten Stoffen der klassischen grie-

Unten: Tizian (1478–1576): „Der Tod des Aktaion". Unter einem stürmischen Himmel zielt Artemis (Diana) mit einem Pfeil auf den in einen Hirsch verwandelten Aktaion, dessen Hunde ihn bis an einen Waldfluss gehetzt haben. Die rechte Brust der Artemis ist wie die der Amazonen nackt.

chischen Literatur. Aktaion, Sohn des Aristaios und der Autonoë, hatte das Jägerhandwerk von seinem Vater gelernt. Da er sehr eitel war, beleidigte er Zeus, als er sich brüstete, die sterbliche Semele heiraten zu wollen, die von Zeus einen Sohn erwartete, den Gott Dionysos, Gott des Weins und der Ekstase. Oder er beleidigte Artemis, die Göttin der Jagd, indem er behauptete, ein besserer Jäger zu sein als sie. Und er beleidigte sie, weil er sie nackt am Kithairon baden sah. Der römische Dichter Ovid betonte hingegen seine Unschuld. Das Bildmotiv mit Artemis und Aktaion war besonders in den Wandmalereien von Pompeji beliebt.

Eines Tages wollte Aktaion Jagd auf einen Hirsch machen. Am frühen Morgen rief er seine Lieblingshunde zu sich, stärkte sich mit einem Schluck kühlen Wassers, legte sein Jagdgewand über und machte sich auf in den Wald, wo er die Hirsche vermutete.

Draußen vor dem Palast folgten sie der „rosenfingrigen" Gottheit der Morgenröte, die auf ihrem zweispannigen Wagen durch den Himmel fuhr. Bald sahen sie im frühen Morgenlicht die strahlende Gestalt der jungfräulichen Artemis, die nackt am Berg Kithairon mit ihren Freundinnen ein Bad nahm und sich unbeobachtet wähnte. Auch Aktaion verspürte ein starkes Verlangen, ein Bad zu nehmen, um sich etwas Erfrischung zu verschaffen. Seine Lieblingshunde hielten sich in gebührender Entfernung von der Quelle und träumten von Hirschen und anderem Wild, das sie mit ihrem Herrn Aktaion erlegen würden.

Dieser hatte schon früher den Dryaden (den Baumnymphen), die der Göttin dienten, beim Baden zugeschaut, aber immer nur aus gebührender Entfernung und niemals in Gegenwart der jungfräulichen Göttin, die jeden Sterblichen bestrafte, der sie beleidigt oder ihre Riten versäumt hatte.

Die Göttin verwandelte den kühnen Jäger auf der Stelle in einen Hirsch, ihr Lieblingstier. Ganz allmählich fühlte Aktaion die Verwandlung, die mit seinem Körper vorging, und er begriff in panischer Angst, dass ihn ein bitteres Ende erwartete. Zum ersten Mal ahnte er, wie es einem Tier zumute sein musste, das von unbarmherzigen Jägern und ausdauernden Hunden zu Tode gehetzt wurde.

Er lief, so schnell er konnte, in den Wald, wo er auf einer Lichtung ein wenig verschnaufte. Von allen Seiten hörte er seine Hunde herbeirennen, so, wie er es ihnen beigebracht hatte. Als sie ihn hilflos auf der Lichtung sahen, sprangen sie erregt auf ihn zu, nicht aber, um ihn freudig zu begrüßen, sondern um ihn zu zerreißen. Als sie ihr Werk vollbracht hatten, blieben die Hunde noch bis zum Abend in dem Wald, wo sie vergeblich auf ihren Herrn warteten.

Der Kentaur Chiron, Sohn des Kronos und der Philyra und Lehrer des Aktaion, stellte eine Statue des unglücklichen Aktaion her, um die Hunde zu trösten, die sich von ihrem Herrn nicht trennen konnten. Die Statue wurde später in den Waldtempel der Artemis gebracht, wo sie alle Frevler an die Macht der Göttin erinnern sollte.

Daidalos und Ikaros

Der legendäre athenische Erfinder Daidalos, dessen Name „der Einfallsreiche" bedeutete, wurde wegen eines Verbrechens aus Athen verbannt. Er ging dann freiwillig an den Hof von König Minos von Kreta, für den er zahlreiche kunstvolle Arbeiten fertigte. Da sich Minos für die Existenz des Minotauros schämte, beauftragte er Daidalos mit dem Entwurf eines kunstvollen Labyrinths, das nur einen einzigen Eingang haben sollte und so gebaut sein musste, dass niemand, der es einmal betreten hatte, wieder herausfand. Als Daidalos später Ariadne den Plan verriet, sperrte ihn König Minos zusam-

Rechts: Pieter Brueghel der Ältere (1525–1569): „Der Sturz des Ikaros". Die Bauern und Hirten gehen gerade ihrer Arbeit nach, als Ikaros ins Meer stürzt. Die Sonne, die seinen Sturz verursachte, erscheint am Horizont, und die Fischer scheinen keine Notiz von Ikaros zu nehmen.

men mit seinem Sohn Ikaros in dem Labyrinth ein. Mithilfe von Schwingen, deren Federn durch Bienenwachs zusammengehalten wurden, beschlossen sie zu fliehen.

Er ermahnte seinen Sohn, mit seinen Federn der Sonne nicht zu nahe zu kommen, da in der Sonnenwärme das Wachs schmelzen würde, und auch nicht zu tief, da die Gischt des Meeres die Federn schwer machen würde. Ikaros flog aber immer höher, so sehr hatte er Gefallen am Fliegen gefunden, bis der Sonnengott Helios zornig das Wachs mit seinen mächtigen Strahlen erhitzte und Ikaros ins Meer stürzte, das noch heute seinen Namen trägt. Daidalos landete sicher auf der Insel Ikaria, barg den Leichnam aus dem Meer und bestattete ihn.

Laokoon

Der trojanische Poseidonpriester Laokoon hatte die Trojaner gewarnt, Geschenke von den Griechen anzunehmen. Als diese eines Morgens aufwachten und vor den Toren der Stadt ein hölzernes Pferd erblickten, hielten sie es für ein Geschenk der Götter. Laokoon bohrte einen Speer in die Flanke des Pferdes und wurde sofort von Apollon bestraft, den er früher einmal beleidigt hatte. Aus dem Meer kamen zwei Seeschlangen herbei und töteten ihn und seine zwei Söhne. Laokoons Furcht vor dem „Geschenk" war berechtigt gewesen, denn als das hölzerne Pferd in die Stadt gezogen wurde, entstiegen ihm im Schutze der Nacht griechische Soldaten und eroberten die Stadt.

Apollon und Marsyas

Nachdem Perseus die Gorgone Medusa getötet hatte, war Athene erstaunt über die Klageschreie ihrer Schwestern. Darum erfand sie ein Musikinstrument, das ihren traurigen Gesang nachahmte: ein gedoppeltes Blasinstrument, die Aulos. Als Athene gerade auf der Aulos spielte, bemerkte sie mit Entsetzen, dass die Musik ihr Gesicht entstellte, und sie warf das Instrument mit großen Verwünschungen beiseite. Daraufhin fand Marsyas, der phrygische Satyr, die Aulos, spielte auf ihr und wurde in kurzer Zeit zu einem meister-

haften Spieler. Dann forderte er Apollon zu einem musikalischen Wettstreit auf, unter einer Bedingung: Der Sieger konnte mit dem Besiegten machen, was er wollte. Als Zeugen wurden die Musen bestimmt. Da sie aber keinem den Sieg zuerkennen konnten, da beide mit gleicher Meisterschaft spielten, forderte Apollon den Satyr auf, sein Instrument verkehrt herum zu spielen, was mit der Leier möglich ist, nicht aber mit der Aulos. Somit hatte Marsyas den Wettstreit verloren, und Apollon packte den Marsyas, hängte ihn an eine Pinie und zog ihm bei lebendigem Leibe die Haut ab. Aus seinem Blut entsprang der Fluss Marsyas.

Gegenüber: Domenichino (1581–1641): „Marsyas wird die Haut abgezogen". Der Künstler, der in Rom arbeitete, verlegt den Mythos in eine römische Landschaft, in der italienische Hirten traurig der Bestrafung zusehen.

Oben: El Greco (1541–1614): „Laokoon" (1610). Der gewalttätige Mythos war ein geeignetes Thema für den antinaturalistischen Stil des Malers. Obwohl die Gestalten unrealistisch sind, steht ein naturalistisches Pferd für das hölzerne Pferd von Troja. Auf der rechten Seite verfolgen einige Gestalten, tatenlos wie ein griechischer Chor, den Gang der Ereignisse.

KAPITEL FÜNF

Die Sternbilder

Die alten griechischen Kartografen und Astronomen konnten mit bloßem Auge nur fünf Planeten erkennen, die sie mit verschiedenen Göttern in Verbindung brachten: Hermes (Merkur), den schnellsten Planeten; der blutrote Ares (Mars) bedeutete Krieg; Aphrodite (Venus) war schlau und frivol; Zeus (Jupiter) durchlief gemessen und majestätisch seine Himmelsbahn; Kronos (Saturn) wurde wegen seiner langen Umlaufbahn als greisenhaft gedeutet – ein nostalgischer Zeuge des Goldenen Zeitalters.

Die Galaxis, die Milchstraße, wurde von den Astronomen der Antike unterschiedlich interpretiert: als feurige Wunde, die Phaëthon mit dem Sonnenwagen in den Himmel riss, als ihm die Pferde durchbrannten, oder als Stufen zum Himmel. Die antiken Astronomen hatten auch beobachtet, dass die Sonne durch die zwölf Sternbilder wanderte, die später die Sternzeichen wurden.

Der größte Teil dieser Sternbilder ist aus Babylon über das antike Griechenland zu uns gekommen.

Andromeda, Kepheus und Kassiopeia

König Kepheus und Königin Kassiopeia von Äthiopien prahlten einmal, dass ihre Tochter Andromeda schöner als die Nereiden wäre, die Töchter von Nereus, des alten Mannes des Meeres. Über diesen Hochmut war Poseidon so erzürnt, dass er eines seiner vielen Meeresungeheuer an die äthiopische Küste schickte, um das Land zu verwüsten. Dem König Kepheus war von einem Orakel geweissagt worden, dass es nur ein Mittel gäbe, den Zorn des Gottes zu besänftigen: Er musste seine Tochter dem Ungeheuer opfern. So wurde Andromeda nackt am Abhang einer Steilküste an einen Felsen gefesselt und wartete auf das Untier, das sie verschlingen sollte. Aber sie wurde vom Heros Perseus errettet, der sie mit nach Argolis in Griechenland nahm, wo sie ihm mehrere Kinder schenkte. Kepheus und Kassiopeia beklagten den Verlust ihrer Tochter, und Poseidon, der Mitleid mit ihnen hatte und sie genug gestraft wusste, versetzte sie als Sternbilder an den Himmel. Auch Andromeda vermisste ihre Eltern. Als sie starb, versetzte sie Athene an den Himmel und an die Seite ihrer Eltern. Um aber vor dem menschlichen Hochmut zu warnen, musste Kassiopeia auf dem Rücken liegen, die Füße nach oben.

Aquarius, der Wassermann, und Aquila, der Adler

Prinz Ganymed, Sohn des Tros, des Gründers von Troja, war ein so schöner Jüngling, dass die Götter beschlossen, ihn in den Olymp zu entführen, wo ihn Zeus zum Mundschenk einsetzen und als Geliebten für sich behalten wollte. Die Aufgabe als Mundschenk hatte bis dahin Hebe übernommen. Weil Zeus sich aber keinem Sterblichen auf der Erde zeigen konnte, da seine Blitze ihn zu Asche verglühen lassen würden, verwandelte sich Zeus in einen Adler und flog nach Troja, wo er den Jüngling im Flug ergriff und über das Meer in den Olymp brachte. Um die Eltern über den Verlust ihres Kindes zu trösten, schickte er Hermes, den Götterboten, zu den Eltern des Ganymed, um ihnen die große Ehre zu übermitteln, die ihrem Sohn widerfahren sei. Als Geschenk übergab er ihnen eine von Hephaistos geschaffene goldene Weinrebe und zwei unsterbliche Stuten. Da aber auch diese Geschenke die Trauer der Eltern nicht mindern halfen, versetzte Zeus Ganymed (Sternbild Wassermann) und den Adler (Sternbild Aquila) an den Himmel zu den Sternen.

Gegenüber: Piero di Cosimo (1462–1521): „Perseus rettet Andromeda“ (1510). Piero di Cosimo vereint auf einem Bild mehrere Episoden: Links wenden sich die Zuschauer ab, als das Seeungeheuer sich der Andromeda nähert; Perseus fliegt durch die Luft (rechts) und steht auf dem Rücken des Ungeheuers, um es mit seinem Schwert zu töten (Mitte); rechts nehmen König und Königin ihre Tochter und ihren neuen Schwiegersohn unter großem Jubel und musikalischer Begleitung in Empfang.

Rechts: Zeus und Ganymed. Terrakotta-Figur vom Dach des Zeus-Tempels in Olympia (frühes 5. Jahrhundert v. Chr.). Spuren von ursprünglicher Bemalung sind noch gut zu erkennen. Obgleich die Gruppe viele archaische Züge aufweist, gehört sie der frühklassischen Periode an.

Aries, der Widder

Athamas, Sohn des Königs Aiolos von Thessalien, wurde König im böotischen Orchomenos, wo er die Nymphe Nephele heiratete. Obwohl er sehr reich war, war er doch einer der unglücklichsten Menschen, die je auf Erden gelebt hatten. Die Kinder seiner ersten Frau Nephele waren Phrixos und Helle. Seine zweite Frau Ino, die Tochter des Kadmos und der Harmonia, gebar ihm die Söhne Learchos und Melikertes. Ino war eifersüchtig auf die Kinder der Nephele und fasste einen Plan, sie zu verderben. Also bestach sie einige Frauen aus Orchomenos, das Saatgut zu rösten und somit wertlos zu machen. Als daraufhin die Ernte ausfiel, ließ Athamas das Delphische Orakel befragen. Ino lauerte auf die Rückkehr der königlichen Boten und ließ ihrem Gemahl durch bestochene Boten ausrichten, dass die Kinder der Nephele dem Zeus geopfert werden müssten.

Als Athamas schweren Herzens seinen Sohn auf den Altar des Zeus legte und das Messer erhob, um seinen Hals zu durchschneiden, erschien ein geheimnisvoller fliegender Widder, nahm Phrixus und seine Schwester Helle auf seinen Rücken und trug sie davon. Später bemerkten die Kinder, dass der Widder, dessen Fell aus goldener Wolle war, sprechen konnte. Der Widder erzählte ihnen, dass er eine Frucht des Poseidon und der Theophane war. Der Meeresgott hatte sie in ein Schaf verwandelt und sich selbst in einen Schafbock, um sich mit ihr paaren zu können. Als der Widder das Meer überflog, konnte sich Helle nicht länger festhalten und stürzte ins Meer. Seitdem heißt diese Meerenge Hellespont. Der Widder trug Phrixos weiter nach Osten, bis sie endlich in Aia landeten, im Königreich Kolchis. König Aietes hieß den jungen Mann willkommen und verheiratete ihn mit seiner Tochter Chalkiope, die ihm vier Kinder schenkte. Phrixos opferte den Widder, der seitdem als Sternzeichen am Himmel leuchtet, und hängte das Goldene Vlies auf, das von einem Feuer speienden Drachen bewacht wurde. Später stahlen Jason und die Argonauten das Goldene Vlies.

Fuhrmann

Der hell aufleuchtende Stern der Capella steht hinter zwei weniger leuchtenden Sternen. Für die Griechen waren dieser Stern die unsterblichen Seelen des Fuhrmanns und seiner vier Pferde. Aber sie erkannten nicht genau, um welchen Wagenlenker es sich handelte: Für einige war es Erichtonios, der legendäre König von Athen, für andere Myrtilios, der Sohn des Hermes, der von Pelops bestochen wurde, die Achsstifte am Wagen seines Herrn gegen wächserne auszutauschen.

Oben: Die Bestrafung des Ixion: römische Wandmalerei aus dem Haus des Vetti in Pompeji (1. Jahrhundert n. Chr.). Dieser Wandschmuck ist möglicherweise die Kopie einer verlorenen griechischen Malerei. Hera (rechts) beobachte die Bestrafung; Iris oder Hebe steht hinter ihr und trägt einen „Nimbus" (Heiligenschein); die Wolke Nephele (Hera) sitzt darunter. Hermes bringt Ixion in die Unterwelt zu Hades.

Krebs

Einst lebte ein Riesenkrebs in den Sümpfen von Lerna, zusammen mit der Hydra. Als Herakles die schreckliche Schlange tötete, kam ihr der Krebs zu Hilfe und biss Herakles in den Fuß. Hera belohnte den mutigen Einsatz des Krebses mit einem Platz am Himmel.

Steinbock

Aigipan war der Sohn des Zeus und der Nymphe Aïx (Ziege). Er hatte dem Götterboten Hermes geholfen, die Sehnen des Zeus zurückzugewinnen, die ihm Typhon abgeschnitten und versteckt hatte. Um der Rache des Ungeheuers zu entkommen, flüchtete Aigipan nach Ägypten, in der Gestalt eines Wesens, das halb Fisch, halb Ziege war. In dieser Gestalt versetzte Zeus ihn als Zeichen seiner Dankbarkeit als Sternbild Steinbock an den Himmel.

Der Kentaur

Das erste jener Lebewesen mit Pferdekörpern und Läufen war Kentauros, die Frucht des thessalischen Königs Ixion, des ersten Menschen, der seine Hände mit Blut befleckte, und der Wolke Nephele. Da niemand die Reinigungsriten vollziehen wollte, erbarmte sich Zeus des Königs und lud ihn ein, auf den Olymp zu kommen. Da versuchte Ixion, seine Gattin Hera zu verführen. Zeus schuf aus einer Wolke das Ebenbild Heras, und mit dieser Wolke beging Ixion Ehebruch. Zeus verbannte den Ehebrecher in den Tartaros, wo er an ein feuriges Flügelrad gebunden wurde, das im ewigen Wirbel durch die Luft herumgetrieben wurde. Die Wolke (Nephele) gebar ihm das Monstrum Kentauros, das sich später mit den wilden Stuten vom Berg Pelion in Magnesia paarte.

Unten: Tizian (1478–1576): „Bacchus und Ariadne". Der jugendliche Bacchus (Dionysos) steigt von seinem von Leoparden gezogenen Wagen. Dem Gott folgen seine Mänaden und Satyrn, die musizieren. Oben erscheint am Himmel Ariadnes Krönungsschleier als Sternbild Corona Borealis.

Der Kentaur Chiron, Sohn des Kronos und der Philyra, stammte nicht wie die anderen von Ixion oder von dessen Sohn Kentauros ab. Anders als diese war er sanftmütig, freundlich und weise. Als Sohn des Kronos besaß er außerdem die Gabe der Unsterblichkeit. Der Grund für seine Gestalt war, dass sich Kronos, der seine Leidenschaft für Philyra vor seiner Frau Rhea verbergen wollte, der Nymphe als Hengst näherte. Der Kentaur Chiron war auch der Lehrer von Aktaion, Achilleus und Jason. Später versetzten ihn die Götter als Sternbild Kentauros an den Himmel.

Der Kleine und der Große Hund

Der größere der beiden Hunde war der Hund des großen Jägers Orion. Der kleine Hund war Maira, der treue Gefährte des attischen Bauern Ikarios, der die Kunst des Weinbaus von Dionysos lernte und unter die Menschen brachte, als er und seine Tochter Erigone den Gott einmal freundlich bei sich aufgenommen hatten. Aber als die einfachen Hirten aus der Nachbarschaft vom Wein kosteten, der sie trunken machte, glaubten sie, man wolle sie vergiften, und sie erschlugen Ikarios mit ihren Keulen. Dann vergruben sie den Leichnam am Berg Hymettos. Als der treue Hund seinen Herrn schließlich fand, sprang er vor Kummer in einen Brunnen.

Der Wal

Keto, Tochter des Pontos und der Gaia, wurde von Poseidon geschickt, um Andromeda zu verschlingen, deren Mutter sich der Schönheit ihrer Tochter so sehr brüstete. Perseus tötete das Meerungeheuer und steht nun am Himmel neben ihm und Andromeda.

Corona Borealis

Ariadne erhielt einen glitzernden Brautkranz als Hochzeitsgeschenk – entweder von ihrem irdischen Gemahl Theseus und überreicht von der Nereide Thetis oder von ihrem göttlichen Geliebten Dionysos und überreicht von Aphrodite. Nach ihrem Tod versetzte Dionysos ihren Brautkranz an den Himmel als Sternbild Corona Borealis.

Der Rabe

Apollon begehrte die Prinzessin Koronis, Tochter von König Phlegyas, und schlief mit ihr. Die von Apollon schwangere Prinzessin schlief dann mit dem Jüngling Ischys, den sie später heiratete. Eines Tages besuchte sie mit ihrem Vater das Fest in Epidauros, wo sie ihr Kind heimlich am Berg Myrtion versteckte. Dort wurde es von Ziegen gesäugt. Ein Ziegenhirte entdeckte das Kind, dessen Name Asklepios war, floh aber in panischer Angst, als er zahllose Blitzstrahlen am Körper des Kindes entdeckte. Als Apollon die Neuigkeit von einer Krähe erfuhr, veränderte er den Vogel, der vorher weiß gewesen war, in einen schwarzen Vogel. Dann bat er Artemis, Koronis töten zu dürfen. Die untreue Koronis starb an den Pfeilen der Artemis und des Apollon. Als Warnung für die Überbringer von Nachrichten versetzte er den schwarzen Raben ans Firmament. Sein Sohn Asklepios wurde vom weisen Kentaur Chiron in die Kunst des Heilens unterwiesen und wurde später der Gott der Heilkunst.

Der Schwan

Der spartanische König Tyndareos vermählte sich mit Leda, Tochter des Königs Thestios, die ihm neben Klytämnestra, Kastor, Helena und Polydeukes noch zahlreiche weitere Kinder schenkte. Die beiden letzten aber hatten einen göttlichen Vater, Zeus, der sich Leda in der Gestalt eines Schwans näherte. In einem Hain in Sparta legte Leda das Ei und brütete die Tochter Helena aus. In Erinnerung an Helenas wundersame Geburt versetzte Zeus den Schwan ganz hoch ans nächtliche Firmament.

Der Delfin

Der Delfin spielt in der Mythologie der griechischen Antike eine bedeutende Rolle, da mit ihm zahlreiche Mythen verbunden sind: Ein Delfin schwamm durch die Meere, um Aphrodite zu bewegen, den Meeresgott Poseidon zu heiraten, ein anderes Mal verwandelte Dionysos etruskische Piraten in Delfine, als sie aus Furcht vor der Gottheit ins Meer sprangen.

Die Schlange

Auch Schlangen spielten in der griechischen Mythologie eine wichtige Rolle. Das Sternbild der Schlange wird als die Schlange gedeutet, die beim Kampf der Giganten der Athene entgegengeschleudert wurde. Diese ergriff die Schlange und warf sie ans Firmament. Andere hingegen halten sie für die Schlange Ladon, die für Hera die goldenen Äpfel der Hesperiden hütete.

Eridanos

Der Fluss Eridanos war ein Geschöpf der Tethys und des Okeanos. In seine Wasser stürzte der brennende Körper des Phaëthon, als ihn die Donnerkeile des Zeus trafen, der erzürnt darüber war, dass Phaëthon mit dem Sonnenwagen des Helios die Erde verbrannte. Auf seiner Himmelsfahrt riss er eine große Wunde in den Himmel, aus der die Milchstraße wurde. Als die Pferde die Erde verbrannten, kam es zu einer großen Dürre am Äquator, und die Haut der Bewohner verdunkelte sich. An den Ufern des Eridanos standen seine Schwestern, die Nymphen, und beobachteten seinen Sturz. Als sie seinen Tod beweinten, wurden sie in Pappeln verwandelt. Die Autoren der Antike waren sich nicht sicher, welcher europäische Fluss mit dem Eridanos gemeint ist, der berühmt war für seine reichen Bernsteinvorkommen.

Kastor und Pollux

Mehrere Zwillingspaare stehen für das Sternbild des Zwillings, aber wahrscheinlich waren es die Zeuskinder Kastor und Polydeukes (Pollux). Sie waren die Kinder des Königs Tyndareos von Sparta und der Leda sowie Brüder der berühmten Schwestern Klytämnestra (spätere Frau von König Agamemnon) und Helena von Troja. Kastor und Klytämnestra hatten einen irdischen Vater, Polydeukes und Helena hatten einen göttlichen (Zeus). In ihrer Jugend nahmen die Zwillinge an der Fahrt der Argonauten teil. Kastor war ein geschickter Pferdebändiger und Polydeukes ein vorzüglicher Boxer. Später befreiten sie ihre Schwester Helena aus den Händen des Theseus. Die Zwillinge wollten Phoibe und Hilaeira, die Töchter ihres Onkels Leukippos, heiraten, der in Messenien wohnte. Die beiden waren aber schon mit Idas und Lynkeus verlobt. Die Zwillinge entführten die Mädchen nach Sparta, wo es zu einem Kampf zwischen den vier Jünglingen kam, bei dem Kastor getötet wurde. In seiner Verzweiflung bat Polydeukes seinen Vater Zeus, die Unsterblichkeit mit seinem Bruder teilen zu dürfen. Beide verbrachten sie nun den einen Tag im Olymp, den nächsten im Hades. Zeus versetzte die treuen Brüder als Sternbild der Zwillinge an den Himmel.

Der Löwe

Hera versetzte den Nemeischen Löwen an den Himmel, um ihm für seinen vergeblichen Kampf gegen Herakles zu danken.

Der Hase

Hermes versetzte den Hasen (Lepus) ans Firmament, weil dieser genauso flink war wie der Götterbote. Er erscheint unter dem wilden Jäger Orion.

Die Waage

Möglicherweise ist mit diesem Sternbild die Waage der Dike, der Göttin der Gerechtigkeit, gemeint, wenn sie nicht schon von der benachbarten Jungfrau (Virgo) dargestellt wird.

Oben: Tintoretto (1518–1594): „Der Ursprung der Milchstraße". Diese Version des antiken Mythos erzählt, dass Hera getäuscht wurde, als sie Herakles säugte. Nachdem sie ihren Irrtum erkannt hatte, stieß sie ihn von sich, sodass sie ihre Milch über den Himmel verschüttete. Die Pfauen sind ihre heiligen Vögel, und der Adler trägt die Donnerkeile des Zeus.

Oben: Peter Paul Rubens (1577–1640): „Die Entführung der Töchter des Leukippos". Die Dioskuren Kastor und Pollux (Polydeukes) erscheinen mit ihren zwei Pferden, um Phoibe und Hilareia zu rauben. Eros lädt den Betrachter ein, der Entführung der üppigen Frauen beizuwohnen.

Die Leier

Orpheus war der Sohn der Kalliope, der bedeutendsten Muse. Von seinem Vater Apollon erbte er die Fähigkeit, auf der Leier zu spielen. Orpheus spielte so wunderschön auf der Leier, dass er mit seinem Spiel die ganze Natur verzauberte, sogar Bäume und Felsen lauschten seiner Musik. Orpheus war mit der Dryadin Eurydike vermählt, die er leidenschaftlich liebte. Eines Tages stellte ihr Aristaios, Sohn des Apollon, nach. Als Eurydike in den Wald flüchtete, trat sie auf eine Schlange und wurde gebissen, sodass sie starb. Orpheus' Kummer war so groß, dass er den Entschluss fasste, sie aus der Unterwelt zu befreien. Dort ließen ihn Kerberos und Charon, verzaubert durch seine Musik, passieren, und sogar Hades und Persephone ließen sich erweichen und erlaubten ihm, mit Eurydike die Unterwelt zu verlassen – unter einer Bedingung: Er durfte sich erst dann nach ihr umsehen, wenn sie beide wieder in der Oberwelt waren. Als Orpheus sich nicht mehr zurückhalten kann, dreht er sich nach der geliebten Eurydike um, die sich in einen Nebel verwandelt und in die Unterwelt zurücksteigt. Eine zweite Chance wurde ihm nicht gewährt, sodass er bis an sein Ende den Tod seiner geliebten Frau beklagte.

Da er aber seit dem Verlust seiner geliebten Eurydike nicht mehr mit den thrakischen Mänaden feierte, stürzten sie sich auf ihn und zerrissen ihn. Nur seinen Kopf verschonten sie. Dieser fiel in die Fluten des Hebros und wurde dann ins Meer gespült. Schließlich trug ihn das Wasser auf Lesbos an Land, wo er begraben wurde. Seitdem heißt es, dass die Lesbier die Gabe der Musik besitzen, weil sie dem toten Sänger die letzte Ruhestatt gewährten. Die Musen versetzten die Leier, auf der er so wunderbar spielen konnte, als Sternbild ans Firmament.

Der Schlangenhalter

Gegen Schlangen haben viele der griechischen Helden gekämpft, sodass viele als Attribut eine Schlange aufweisen. Das gilt vor allem für Asklepios, den Sohn des Apollon und

Rechts: Giovanni Bellini (1430–1516): „Orpheus". Auf den Abbildungen wird Orpheus, der Überbringer der Musik, mit einem zeitgenössischen Streichinstrument dargestellt: Bellini ersetzt die griechische Leier durch eine italienische Viola, während die Nymphen, Tiere und Satyrn um einen Baum herum lagern und seiner Musik lauschen.

Gott der Heilkunst, der oft mit einer Schlange dargestellt wird, die seine Heilkräfte symbolisieren soll.

Orion

Nachts ist das riesige Sternbild des Orion von Tieren umgeben: seinem Jagdhund Canis Maior (Großer Hund), dem Hasen (Lepus) und Taurus, dem Stier. Manche sehen im Sternbild das unablässige Nachstellen des liebestollen Orion hinter den Atlastöchtern, den Plejaden, die von Zeus an den Himmel versetzt wurden.

Orion war der Sohn der Euryale, die eine Tochter des Minos von Kreta war, und des Poseidon. Von seinem Vater bekam er die Fähigkeit, über das Wasser zu gehen, und so führten ihn seine Abenteuer von Insel zu Insel. Auf der Insel Chios hatte ihn König Oinopion einst auf eine Jagd eingeladen und ihm seine Tochter Merope versprochen, wenn er die Insel von den wilden Tieren befreien würde. Orion tötete alle wilden Tiere der Insel an einem Tag und verlangte seine Braut Merope. König Oinopion bestritt, eine Abmachung mit Orion getroffen zu haben, worauf der betrunkene Jäger Merope vergewaltigte. Als Strafe blendete ihn Oinopion und warf Orion auf den Strand. Der geblendete Orion erhob sich und wanderte über das Meer bis zu der Insel Lemnos, wo Hephaistos eine Schrniede hatte. Dort holte er sich den Knaben Kedalion und setzte ihn sich als Führer auf die Schultern. Dann wanderten sie ostwärts, und das kräftige Licht des Helios heilte seine Augen. Als er sich von Neuem nach Chios aufmachte, um den hinterhältigen Oinopion zu töten, hatte dieser sich mithilfe des Hephaistos in einer unterirdischen Höhle versteckt. Orion ging nun nach Kreta, wo er mit der Göttin Artemis und Eos, der Göttin der Morgenröte, jagte.

Da Apollon und Artemis es nicht ertragen konnten, dass die Göttin Eos einen sterblichen Geliebten haben sollte, töteten sie mit einem Pfeil den Jäger Orion. Dann versetzte Artemis Orion als Sternbild ans Firmament. Eine andere Geschichte aber berichtet, dass Orion drohte, alle Tiere auf der Welt zu töten, sodass Gaia, die Göttin der Erde, einen

Skorpion schickte, um Orion zu töten. Darum setzte ihn Zeus auf Bitten der Artemis neben das Sternbild des Skorpions.

Pegasos

Pegasos entsprang dem Hals der Gorgone Medusa, als Perseus ihr das Haupt durchtrennte. Sein Vater war Poseidon, der Gott der Pferde und der Meere. Der geflügelte Pegasos wurde von dem gewaltigen Heroen Bellerophon, Sohn des Königs Glaukos von Korinth, gezähmt. Als Bellerophon die Götter provozieren und mit Pegasos bis zum Olymp fliegen wollte, schickte in seinem Zorn Gott Zeus eine Fliege, die Pegasos stach und so Bellerophon abwarf. Zeus ehrte das geflügelte Pferd mit einem Sternbild, das ihn auf seinem Weg zum Olymp zeigt.

Perseus

Das Sternbild des Perseus steht über dem des Meerungeheuers Keto, das er tötete, um die Hand der Andromeda zu gewinnen, die jetzt mit ihm am Firmament steht.

Die Fische

Nach der Schlacht zwischen den Göttern und den Titanen brachte Gaia das Untier Typhon zur Welt, als letzten Versuch, die Götter zu besiegen. Nur Zeus konnte es mit diesem Ungeheuer aufnehmen, die anderen Götter flohen vor ihm. Typhon traf Eros und Aphrodite an den Ufern des Euphrat. Als sie das Untier sahen, verwandelten sie sich in Fische und verschwanden. Darum erscheinen diese zwei Gottheiten heute als Fische am Himmel.

Die Plejaden

Weil Merope einen Sterblichen zum Mann nahm, leuchtet ihr Stern am schwächsten. Ihre Schwestern hatten berühmte

Oben: Die Gorgone Medusa: Giebelskulpturen vom Artemis-Tempel in Korkyra auf Korfu (frühes 6. Jahrhundert v. Chr.). Die Gorgonen wurden gerne an religiösen Bauwerken gezeigt, um die bösen Geister fernzuhalten. Die kniende Stellung soll Weglaufen symbolisieren. Ihre Kinder erscheinen auf jeder Seite: Pegasos (rechts), der fast gänzlich zerstört ist, und Chrysaor (links). Kampfszenen, die wahrscheinlich Szenen aus dem Trojanischen Krieg zeigen, schmücken die Ecken.

Kinder von den Göttern Zeus, Poseidon, Hermes und Ares. Zeus verwandelte sie in Sterne, um sie vor den liebestollen Nachstellungen des großen Jägers Orion zu schützen. Aber auch Orion wurde zum Sternbild, und wenn man die Plejaden und ihn am Himmel sieht, glaubt man, er würde ihnen noch immer nachstellen.

Der Skorpion

Obwohl das Sternbild des Skorpions auf der gegenüberliegenden Hemisphäre liegt, zeigt es den riesigen Skorpion als ein Tier, das Gaia geschickt hat, um Orion für seine Absicht zu bestrafen, alle Tiere auf der Erde zu vernichten.

Der stets verliebte Zeus verwandelte sich für zwei Liebesabenteuer in einen schönen weißen Stier: einmal, um sich mit Io zu paaren, die er in eine Kuh verwandelt hatte; ein anderes Mal, um die Prinzessin Europa, Tochter des phönizischen Königs Agenor und der Telephassa, zu entführen, die mit ihren Freundinnen am Meer spielte. Europa zeigte kein Interesse für Zeus. Aber es muss ein besonderer Zauber von ihm ausgegangen sein, denn Europa setzte sich willig auf seinen Rücken und ließ sich über das Meer tragen. Nachdem beide wohlbehalten auf Kreta angekommen waren, schenkte sie Zeus drei Söhne: Minos, Rhadamanthys und Sarpedon. Der Stier und die Hörner bilden einen wichtigen Bestandteil der kretischen Kunst, der Mythen und der Riten. Europa gab einem ganzen Kontinent den Namen, und der Stier wurde oberhalb des Orion an den Himmel versetzt.

Der Große und der Kleine Bär

Den Großen Bären nannten die Griechen richtig Arktos (Bär), der Name Ursa Maior ist römisch. Zeus verliebte sich in die schöne Kallisto. Um sie zu besitzen, nahm er die Gestalt des Apollon an und lockte sie so in seine Arme. Sie schenkte ihm später den Sohn Arkas. Weil sie der Artemis Jungfräulichkeit geschworen hatte, wurde sie zur Strafe von der Göttin in einen Bären verwandelt. Als Arkas in den arkadischen Bergen jagte, erlegte er seine Mutter, die ihm in Gestalt eines wilden Bären begegnete. Zeus machte seine Mutter Kallisto und seinen Sohn Arkas unsterblich, indem er sie als Sternbilder an den Himmel versetzte, und zwar als Großer und als Kleiner Bär (Arktophylas, der Bärenhüter). Hera war über diese Auszeichnung so wütend, dass sie den Gott Okeanos überredete, den Bären nicht an seinem Strom zu dulden. So findet Kallisto keine Ruhe und muss ewig um den Polarstern kreisen.

Die Jungfrau

Die antiken Schriftsteller waren sich nicht einig, wen das Sternbild der Jungfrau darstellen sollte. Für einige war es Dike, deren Name „gerechte Vergeltung“ bedeutet, die Göttin der Gerechtigkeit, die die Waage des benachbarten Sternbildes Waage hält. Für andere zeigt es die Göttin Demeter, obwohl diese mehrere Kinder hatte.

Rechts: Raub der Europa: römische Wandmalerei aus einem Haus in Pompeji (1. Jahrhundert n. Chr.). Der pyramidale Aufbau des Bildes lässt vermuten, dass dies eine Kopie einer ursprünglichen griechischen Malerei ist. Die Prinzessin ist anmutig dargestellt und scheint ahnungslos zu sein über die wahre Identität des Stieres. Nur dieser weiß, was folgen wird, und teilt dies auch dem Betrachter wie in einem stillen Einverständnis mit.

Register

Bildnachweis

o = oben; u = unten; l = links; r = rechts; m = Mitte.

Akropolis-Museum, Athen: Seite 27, 32. American School of Classical Studies at Athens – Agora Excavations: Seite 9, 30. Ashmolean Museum, Oxford: Seite 7 r, 8 o m, 21, 87, 94. Foto David Bellingham: Seite 6, 7 u, 8 u, 35, 36, 38, 42, 46, 48, 49, 68, 69, 70, 70 u, 89, 101 u, 109, 116. Mit freundlicher Genehmigung des Birmingham Museum and Art Gallery: Seite 40. Bridgeman Art Library: Seite 10 (Uffizien, Florenz); 76/77 (Alte Pinakothek, München); 101 (Manchester City Art Gallery); 111 (Musée des Beaux-Arts, Brüssel); 120 (Alte Pinakothek, München). Mit freundlicher Genehmigung von Trustees of the British Museum, London: Seite 14, 31, 43, 54, 56, 66–67, 73, 75, 77, 80, 84, 86, 93, 97, 98. Foto Pauline Cole: Seite 64. Museum Korfu: Seite 122. Museum Delphi: Seite 26 u. Museum Eleusis: Seite 90. Foto Christine Grande: Seite 28. istockphoto.com/001_Quaddrix: Seite 68. Musée du Louvre: Seite 35, 36 u, 44, 60, 62, 64, 74, 78, 95. Museo Archeologico Regionale di Palermo, Sizilien: Seite 17 o, 53, 8 1. Museo Archeologico Regionale „P. Orsi", Syrakus: Seite 12 u. Museo Nationale, Neapel: Seite 16, 76, 124. Museo del Prado, Madrid: Seite 15, 20, 23, 24, 38–39, 82–83, 108. Museum of Modern Art, New York: Seite 65. National Archeological Museum, Athen: Seite 25, 28 r, 41, 60 r. Mit freundlicher Genehmigung von Trustees, The National Gallery, London: Seite 19, 46–47, 92, 96–97, 99, 106–107, 110, 112, 118, 120. National Gallery of Art, Washington: Seite 37 (Andrew W. Mellon Collection); 79 (Chester Dale Collection); 92 u (Samuel H. Kress Collection); 100 (Widener Collection); 104 (Widener Collection); 104 (Samuel H. Kress Collection); 113 (Samuel H. Kress Collection); 121 (Widener Collection). National Museum, Department of Near Eastern and Classical Archeology, Kopenhagen: Seite 33. Museum Olympia: Seite 39 r, 55, 61, 119. Pergamon-Museum, Berlin: Seite 22. Museum Piräus: Seite 26 o. Rijksmuseum van Oudheden, Leiden: Seite 45, 51. Royal Ontario Museum, Toronto: Seite 29. Foto Robert Simons: Seite 71 o u. Southampton City Art Gallery, UK: Seite 85. Foto Vatikanische Museen: Seite 58, 94 r. Visual Arts Library: Seite 12 (Art Institute of Chicago); 17 u (Boston Museum of Fine Arts); 18 (Musée des Beaux-Arts, Brüssel); 105 (The National Gallery, London); 114 (Uffizien, Florenz). Walker Art Gallery, Liverpool: Seite 104.